EL DERECHO HUMANO A LA PAZ
LECTURA Y RELECTURA

Cuadernos de la Cátedra Mezerhane sobre Democracia, Estado de Derecho y Derechos Humanos

1. Allan R. Brewer-Carías, *Principios del Estado de derecho. Aproximación histórica*, 2015, 360 páginas.
2. Asdrúbal Aguiar A., *Calidad de la democracia y expansión de los derechos humanos*, 2017, 242 páginas.
3. Fortunato José González Cruz, *Ciudad y política: El lugar de la democracia en un mundo globalizado. Un ensayo sobre la politeia aristotélica*, 2019, 149 páginas.
4. Luis Almagro, Cesar Cansino, Ricardo Trotti, Asdrúbal Aguiar, *Fake News. ¿Amenaza para la Democracia?*, 2020, 152 páginas.
5. Allan R. Brewer-Carías, *Principles of The Rule of Law (État de droit, Estado de derecho, Stato di diritto, Rechtsstaat) Historical Approach*, 2023, 430 páginas.
6. Asdrúbal Aguiar A. *El Derecho Humano a la Paz. Lectura y relectura*, 2023, 142 páginas.

ASDRÚBAL AGUIAR A.

EL DERECHO HUMANO A LA PAZ

LECTURA Y RELECTURA

*Cuadernos de la Cátedra Mezerhane sobre
Democracia, Estado de Derecho y Derechos Humanos
N° 6*

EDICIONES EJV
INTERNATIONAL

Miami 2023

©   Asdrúbal Aguiar

Email: asdrubalaguiar@yahoo.es

Todos los derechos reservados

ISBN: 979-8-89184-920-4

Editorial Jurídica Venezolana
Avda. Francisco Solano López, Torre Oasis, P.B., Local 4, Sabana Grande, Caracas, 1015, Venezuela
Teléfono (58) 212 762.3842/ Fax. (58) 212 763.52.39
http://www.editorialjuridicavenezolana.com.ve

Impreso por: Lightning Source, an INGRAM Content company para Editorial Jurídica Venezolana International Inc.
Panamá, República de Panamá.
Email: ejvinternational@gmail.com

Diseño de Portada: Alexander Cano

Diagramación, composición y montaje por:
Mirna Pinto de Naranjo, en letra Times New Roman 12,
Interlineado 13, mancha 16x10 cm, Libro 21.6x14 cm.

A ISRAEL Y UCRANIA, PRIMERAS VÍCTIMAS
DE LA VIOLENCIA DECONSTRUCTIVA

A MARIELA,
A NUESTROS HIJOS Y A NUESTROS NIETOS,
MOLDES DE LA ESPERANZA

"La historia demuestra que el reclutamiento de terroristas se realiza más fácilmente en áreas donde se pisotean los derechos humanos y la injusticia forma parte de la vida diaria".

Juan Pablo II, 7 de septiembre de 2002

"Sabían – Adenauer, Schumann, De Gasperi, De Gaulle – que la política no puede ser mero pragmatismo, sino que debe ser un asunto moral: el objetivo de la política es la justicia y, junto con la justicia, la paz. El orden político y el mismo poder deben manar de los criterios fundamentales del derecho".

Joseph Ratzinger, *Europa: I suoi fondamenti oggi e domani*, 2005

SUMARIO

— *Explicación del autor* 13

— PERFILES ÉTICOS Y NORMATIVOS DEL
DERECHO HUMANO A LA PAZ 17

I.   Introducción 19

II. De la paz de los armisticios a la
paz de la tolerancia 22

III. Dimensión normativa de la paz 30

IV. Paz y globalización 41

V. Cultura de paz y derechos huma-
nos 47

VI. El derecho humano a la paz y las
Naciones Unidas 52

VII. La declaración de Oslo y su revi-
sión 59

VIII. Consulta de París (I) 67

IX. Consulta de París (II) 72

X.   La enmienda de la UNESCO 80

XI. Réplica sobre el derecho humano a
     la paz 83

XII. Las Américas y el derecho a la
     paz: Reafirmación de Caracas 86

Notas: 89

— LA PAZ, UN DERECHO HUMANO: SUS
   DESAFÍOS DE ACTUALIDAD........................... 107

Explicación del autor

> Isaías, hijo de Amós, tuvo esta visión acerca de Judá y Jerusalén: "El Señor gobernará a las naciones y enderezará a la Humanidad. Harán arados de sus espadas y sacarán hoces de sus lanzas. Una nación no levantará la espada contra otra, y no se adiestrarán para la guerra" (Is.2,1-4)

Mi inmediata reacción ante el muy grave y alevoso atentado terrorista de Hamas – alevosa como toda acción de terror – para cegar la vida y la integridad personal de los habitantes de Israel y de suyo celebrarlo sus ejecutores, ha revivido en mí los momentos cruciales de inicios del corriente siglo, cuando junto a un grupo de intelectuales y diplomáticos, algunos fallecidos, nos empeñamos bajo pedido del director general de la UNESCO, en la redacción del proyecto de Declaración universal sobre el derecho humano a la paz.

Una vez realizados los trabajos pertinentes en la Universidad de Oslo y luego de presidir el Comité de Redacción de la consulta de expertos realizada en

Paris, en la sede de dicha organización, contando con el apoyo militante del excanciller uruguayo Héctor Gros Espiell y frenada como fue la iniciativa, lo que quedó sobre la mesa fue la convicción del desinterés de las potencias de Occidente por el tema de la paz. Las elaboraciones de conveniencia, teñidas de argumentos morales y hasta jurídico formales, estuvieron a la orden. Las naciones europeas y los países nórdicos se movían sobre otras prioridades.

De mi discurso ante la Asamblea General de 1997 y también ante la ONU en Ginebra, en 1998, resultó luego un ensayo de largo aliento que quise dejar como memoria de mi experiencia. Aquel fue recogido por distintas publicaciones de la época, incluida una revista de la UNESCO, y este, como se indica en un pie de página, fue publicado en Caracas por la Revista de la Facultad de Derecho de la UCV, en el último año señalado, y después en libros homenaje a Boutros Boutros-Galli, ex secretario de Naciones Unidas y a Héctor Fix Zamudio, expresidente de la Corte Inter americana de Derechos Humanos. En 2000, hice una revisión y ampliación de este, que nunca publiqué.

En 2009, a pedido del Instituto Cultural Venezolano Israelí y del rector de la Universidad Metropolitana, volví sobre la cuestión del derecho humano a la paz, en conferencia que recién sume a un libro que he titulado *Renovar la civilización*, Temas para posmodernidad (2023).

El aldabonazo de la guerra en las puertas que comunican a Oriente con Occidente y viceversa, el de Rusia contra Ucrania precedido de una declaración sino-rusa que exige de democracias al detal, que elijan libremente entre la libertad y la dictadura; y ahora, de vuelta el terrorismo en su más dantesca expresión y celebratorio de la muerte, son claras muestras del desafío que interpela, en esta hora de oscurana transitoria, a los líderes de un Occidente que a lo largo de los últimos 30 años se avergüenza de sus raíces, de su patrimonio moral e intelectual de extracción judeocristiana y grecolatina.

Esos dos textos, "Perfiles éticos y normativos del derecho humano a la paz" y "La paz, un derecho humano", elaborados durante la génesis de este tiempo desasido de lugares y de tiempo, por cultivarse la instantaneidad, acaso ayuden o de algo le sirvan como instrumento de reflexión y crítica a quienes aspiran – según el giro orteguiano – captar el bosque sin detener la mirada en los árboles patentes.

Ante lo que ocurre y de un ruido de maldad que espanta en medio de una liquidez de identidades y de pulverización de historias y culturas entre los occidentales hijos de la ley — mientras el Oriente de las luces sostiene las suyas, incluso con peligrosos arrestos de fundamentalismo — sostengo, a pie juntillas, que es llegada la hora del tremolar del derecho humano a la paz. Ha de verse animado por la seguridad en común, y por el valor preceptivo del respeto a la dignidad de la persona humana. La violencia y la guerra, no lo olvidemos, encuentran su fuente permanente en la desvalorización y cosificación del hombre – varón o mujer – y en el patrimonialismo desembozado del poder, en sus distintas expresiones.

Condado de Broward,
8 de octubre de 2023

Asdrúbal AGUIAR A.

Profesor Visitante del Miami Dade College
Ex juez de la Corte Interamericana de Derechos Humanos
Miembro de la Real Academia Hispanoamericana de
Ciencias, Artes y Letras

PERFILES ÉTICOS Y NORMATIVOS DEL DERECHO HUMANO A LA PAZ*

I. INTRODUCCIÓN

[1] En consonancia con la idea central de que la paz es compromiso con la vida y servicio a su promoción y por mandato de la vigésima novena Conferencia General de la Organización de las Naciones Unidas para la Educación, la Ciencia y la Cultura, se realizó en París la Consulta Internacional de Expertos Gubernamentales (1) encargada del examen del Proyecto de Declaración Universal sobre el Derecho Humano a la Paz, conocido como la Declaración de Oslo. Esta Declaración, al igual que la versión revisada por el director general de la UNESCO (2), establece, sin desviaciones de ningún género, que "la paz, bien común de la Humanidad, es un valor universal al que aspiran todos los seres humanos y los pueblos". Y, a renglón seguido, prescribe que "todo ser humano tiene un derecho a la paz que es inherente a su dignidad de persona humana" (3).

[2] La diversidad y pluralidad de los criterios esbozados por los expertos invitados a la Consulta — y por qué no decirlo, la tensión controversial acopiada por éstos durante los debates — hizo evidente la sensibilidad del argumento de la paz y también la suma de intereses que todavía conspiran en su contra.

Se comprende, de esta manera, lo que escribió hace pocos años el jurista Antonio Enrique Pérez Luño (4), quien, al referirse a la paz como valor fundamental y destacarla, por su endeblez, como "tarea abierta cuyo logro responsabiliza a todos y, en especial, a quienes ejercen el poder", cita de entrada que "pese a las civilizaciones, doctrinas morales y confesiones religiosas que se han sucedido en la historia de la Humanidad, ésta sigue debatiéndose por el reconocimiento de algo tan primario y esencial como su propia supervivencia" (5).

[3] La Consulta de París abrió la fase crucial de un proceso complejo y desafiante, nada fácil para la construcción y consolidación de una paz positiva en el mundo y su revelación como necesidad connatural a la existencia del hombre; proceso mismo que intentó encontrar su respaldo intelectual en la efemérides del quincuagésimo aniversario de la Declaración Universal de los Derechos Humanos y, en lo adelante, en el cambio de sentido que acusa la Historia Universal luego de la caída del Muro de Berlín. Estas son circunstancias que, ciertamente, les dan un nuevo y renovado impulso a las tareas moralizadoras de la UNESCO y, dentro de éstas, a la fragua de la Cultura de Paz (6) como nuevo paradigma del orden internacional contemporáneo.

[4] Dentro de este contexto, el derecho humano a la paz y su proclamación, aun cuando tiene raíces en el Proyecto de Pacto sobre los Derechos Humanos de la Tercera Generación, relacionado con los derechos

de solidaridad y preparado por la *Fondation Internationale pour les Droits de l'Homme* (7) (K.Vasak, R.J.Dupuy, J.Robert, Diego Uribe-Vargas, E.Pettiti, entre otros), responde genuinamente a los cometidos esenciales de la Organización de las Naciones Unidas para la Educación, la Ciencia y la Cultura, en tanto que Casa Moral e Intelectual de la Humanidad. De suyo, el Acta Constitutiva de la UNESCO, al proclamar la dignidad del hombre y exigir la educación de todos en la paz y para la paz, dispone que aquélla debe "contribuir a su mantenimiento estrechando, mediante la educación, la ciencia y la cultura, la colaboración entre las naciones, a fin de asegurar el respeto universal a la justicia, a la ley, a los derechos humanos y a las libertades fundamentales..." (8).

[5] La iniciativa asumida por el director general de la UNESCO, Federico Mayor, en su mensaje institucional sobre El derecho humano a la paz (9), no podría, entonces, evidenciar mayor pertinencia. Ella convoca a toda la sociedad y a todos sus actores, para que asuman como compromiso hacia el nuevo milenio una generalizada renuncia a la violencia, con el propósito de favorecer "la gran transición desde la razón de la fuerza a la fuerza de la razón; de la opresión al diálogo; del aislamiento a la interacción y la convivencia pacífica" (10).

II. DE LA PAZ DE LOS ARMISTICIOS A LA PAZ DE LA TOLERANCIA

[6] La paz, bueno es señalarlo, nunca ha estado ausente como idea y fuerza motriz de la existencia humana. Por la paz y su conquista lucharon, a su modo, los romanos (*Pax Romana*), los actores del mundo medieval al auspiciar la doctrina de la Guerra Justa y la sujeción jerárquica del orden feudal a la diarquía Papa-Emperador (*Pax Ecclesiae*), y en la modernidad, los mismos teóricos de la Paz Perpetua — como el Abad de Saint Pierre y Emmanuel Kant, entre otros — o los hacedores de la Paz de los Equilibrios, nacida esta última luego de fenecimiento de la *Respublica Christiana* y en permanente fragua desde la Paz de Westfalia (1648) hasta el período de la Sociedad de las Naciones, una vez agotado (11).

[7] Lamentablemente, sin que esto sugiera un juicio de valor acerca de las llamadas zonas oscuras de la conducta o de nuestra improbable adhesión a las teorías realistas de Maquiavelo o de Hobbes (12), sí debemos observar que a la conquista cotidiana de la paz, ley primaria y fundamental de la naturaleza, condición y propósito de la asociación humana y, en las palabras de San Agustín, ordenamiento armónico de las partes y concordia bien ordenada de los hombres en sus mandos y en su obediencia – *La ciudad de Dios*, XIX, – (13) Le precedió, siempre, una validación discrecional de la violencia (*Homo homini lupus*).

[8] Desde la antigüedad hemos redituado ideologías e instituciones modeladas sobre el yunque de la guerra y el armamentismo de la Historia. En la práctica, aquella no ha sido, como lo indicaban los principios del dominico Vitoria (1480-1546), "... la última ratio de la política" (14). "Durante un período tan largo como el que separa a nuestros días del siglo XIII — dice Howard —, la paz en Europa, esa paz por la que oraban tan sinceramente las congregaciones en las iglesias cristianas, existió solamente en algunos excepcionales y limitados oasis de tiempo y de lugar" (15). Y la razón no podría ser más concluyente: La guerra hizo posible, en buena medida, la acumulación del poder material y político detentado en distintas épocas por los repartidores supremos e intermedios del orden internacional. Fue y ha sido, en opinión de Clausewitz (1780-1831), no otra cosa que "una simple continuación de la política por otros medios" (16) y, asimismo, el fundamento originario de la identidad estatal en Occidente (17).

[9] La violencia alcanzó, de esta manera y en sus distintas formas, rango y estatuto propio. La paz en el mundo, por consiguiente, devino en paz de los armisticios y de las capitulaciones. De modo que, en el marco de una sociedad internacional de estructura paritaria como la conocida hasta hace medio siglo, el uso de la fuerza representa un acto legítimo de soberanía, apenas restringible en sus efectos superfluos. Así fue posible, por lo mismo, el florecimiento del ya muy antiguo Derecho de la Guerra en los finales del pasado siglo y comienzos del

presente (18) y, posteriormente, la búsqueda de la denominada Paz por el Derecho, que impone resolver por métodos pacíficos, diplomáticos y adjudicativos, las controversias entre los Estados (19). En suma: la paz — suprema aspiración de todos los tiempos — llegó a ser entendida como paz negativa, como ausencia y también producto de la agresión: *Si vis pacem, para bellum*, decían los clásicos.

[10] La ruptura de la dependencia horizontal e histórica entre la guerra y la paz, todavía espera de concretarse. Los referentes institucionales e integradores de la comunidad humana contemporánea evolucionan en tal sentido y dan testimonio de esta realidad en tránsito, que quizá nunca escape a la insatisfactoria y siempre perfectible relación conciencia-mundo, que ha sido objeto de análisis críticos por el pesimismo metafísico, el dualismo teológico de Zaratustra o el filosófico de Platón, y también por el llamado optimismo bíblico. Todas a una, en tanto que corrientes filosóficas, se han preocupado por descubrir el enigma de la recíproca sujeción que ata el alma a la materia y viceversa. En otras palabras, a la animalidad y la racionalidad del hombre, determinando sus actitudes ante la vida (20).

[11] Sin embargo, lo verificable, más allá del fenómeno manifiesto de conflictividad presente en todos los espacios y tiempos de la Historia de los Hombres, es la ausencia de un criterio intercultural acerca de la paz y de su consolidación. Nos debatimos sin avanzar, desde tiempo atrás, entre el pacifismo

heroico de Ghandi pasando por los tipos de pacifismo cristiano, utilitario, legalista, imperial, etc., hasta aquel que pregona la vigencia de un pacifismo cultural cosmopolita y de origen estoico, sustentado en la reforma educativa y moral de la gente (21). Pero, la concertación y el establecimiento de un punto de convergencia humana entre los extremos, parece ser la premisa indispensable para la cristalización de una comunidad universal totalizante, tal como la visualizó Luis María Olaso (22) durante su activa militancia en favor de los derechos de la persona.

[12] En esta línea de pensamiento, siguiendo las enseñanzas de Moreno Lara que reclaman no confundir a los orientales como místicos puros ni a los occidentales como materialistas a ultranza (23), se afirma, sin embargo, que para los primeros lo esencial es la armonía interior, es decir, la adecuación del hombre al dharma, en el decir de los hindúes (24). Para los herederos de la civilización occidental, en la práctica, la paz se "concibe más proyectada hacia el exterior, hacia la simple ausencia de guerra" (25), lograda por mediación de las formas de organización social y política; "el arte social – lo decía el Barón de Beaujour — es tan necesario a los hombres [de este Hemisferio] que sin él no se podrían vencer la mayor parte de los males anexos a la condición [de éstos], ni conservarse" (26).

[13] No se olvide, en el marco de esta aproximación, que durante los siglos XVI y XVII tuvo lugar un interesante movimiento antropocéntrico

y racionalista que fue más allá de las prédicas de los teólogos de Salamanca. Éste reivindicó al individuo como poseedor de derechos inalienables anteriores a toda sociedad, que se resumen en tanto que derechos básicos a "la vida, la libertad y la propiedad" (27). La evolución de esta Escuela Clásica del Derecho Natural alcanza hasta el mismo siglo XVIII, en el que Kant formula su tesis sobre la Paz Perpetua (1785) al "considerar a hombres y Estado, en sus relaciones externas, como ciudadanos de un Estado universal de la Humanidad (*ius cosmopoliticum*)" (28). La emergencia factual y el fortalecimiento — en los siglos XVII y XVIII — del Estado-Nación y su soberanía; la forja de la *Raison d'Etat* y el advenimiento, con la Revolución de 1789, de la noción de ciudadanía junto a su incidencia en la exaltación del fervor patriótico, en alguna medida debilitaron la autoridad del credo natural, producto de la razón y de la relación dominante y subyacente entre el hombre (individuo y persona) y la Humanidad, planteándose la necesaria reconciliación y armonización entre una y otra tesis (29).

[14] El Siglo de las Luces, sin embargo, predicó como idea central el Humanismo racionalista, pero aceptando que "la guerra es inherente al ser humano" (30). De allí la necesidad planteada a sus representantes de estudiar sus causas y proponer, según lo dicho, fórmulas orgánicas que la limitasen por su inconveniencia. En este período se condena a la guerra por ser "moralmente injustificable, estratégicamente incierta y económicamente ruinosa" (31).

También se promueve la responsabilidad individual de los monarcas y Jefes de Estado por las guerras de su autoría, y se discute sobre las opciones para una Paz Perpetua europea y universal, fundada, bien sobre el restablecimiento de los equilibrios, en el decir de Vatell, bien sobre la organización de un pacto o alianza federal a cuya cabeza operaría un tribunal internacional o 'dieta de Estados', disponiéndose de un ejército común y de una presidencia [electiva y rotativa] (32).

[15] En extracto, los pensadores de las Luces consideraron que la razón humana conduce por necesidad o por utilitarismo a estas fórmulas de organización externa predispuestas para la eliminación de la guerra; mas no dejaron de reconocer que entre las causas de ésta mediaba una perversa combinación de la debilidad psicológica del hombre con la idea germinal y patrimonial del Estado (33).

[16] Para la Doctrina social de la Iglesia, los planos culturales e históricos descritos no se excluyen, antes bien, expresan dimensiones plurales de una misma y única realidad que converge en el Ser: *"Cést en lui-même que l'homme est divisé. Voici que toute la vie des hommes, individuelle et collective, se manifeste comme une lutte, combien dramatique,* entre le bien et le mal, entre la *lumière et les ténèbres"* (Gs, 13, §2) (34). René Coste, exponente autorizado del pensamiento católico, se apoya en "la célebre definición agustiniana: *Pax omnium rerum, tranquillitas ordinis*: La paz universal es tranquilidad [o sosiego]

del orden", para señalar que "dos elementos rigen, pues, la vida social: la convivencia en el orden, la convivencia en la tranquilidad" (35).

[17] Al respecto, dice Coste: "El verdadero orden en las relaciones interhumanas no es un arreglo artificial impuesto por jefes a un rebaño de esclavos: sólo sería su caricatura. Es la expresión armoniosa de las relaciones interpersonales e intercomunitarias que se establecen entre personas y entre comunidades que se respetan en el marco de la comunidad mundial... [A su vez] la tranquilidad (o la calma) es algo... distinta del estancamiento perezoso o del inmovilismo social..." (36) en el hombre, llamado como ha sido al cumplimiento de su vocación dentro del programa divino.

[18] La idea contemporánea de una paz animada por la 'seguridad en común' y por el valor preceptivo de la dignidad de la persona humana, es coincidente con la visión intelectual de la Carta de San Francisco, bajo cuya égida nace la Organización de las Naciones Unidas. Sin embargo, mal podríamos aducir que la paz de nuestro tiempo es un hecho logrado. Se han sucedido innumerables conflictos periféricos, internacionales e internos, tan inmorales en cuanto a pérdidas de vidas humanas como lo fueron, en su momento, las dos grandes guerras europeas (37). Cabría preguntarse, sin que disminuya la fuerza del argumento precedente, si esta paz todavía precaria se debe más a la supra-nacionalidad y al ideario fundacional de la ONU que a una prórroga real en los equilibrios de antaño, renovados en la bipolaridad de

la Guerra Fría. O si, mejor aún, esta paz de la resignación, lejana de la paz de la concordia, es acaso expresión del diabólico juego suma cero diseñado por la tecnología de la muerte, que en sus avances inconmensurables es capaz de conducirnos hacia el sendero de la guerra terminal (38).

[19] El sentido común, suprema guía de lo humano, nos dice que, a fin de cuentas, cualquier fórmula – técnica, orgánica o funcional – para la conquista y consolidación de la paz, nada vale sin el acuerdo de los corazones: Sólo posible cuando unos y otros nos disponemos al diálogo fecundo, obra del respeto y la tolerancia mutuas. Fue sabia y pertinente, en este sentido, la reflexión de Octavio Paz al recibir, de manos del presidente alemán, el Premio Internacional de la Paz de la Asociación de Editores y Libreros, en Francfort: "...una y otra vez [el] diálogo ha sido roto por el ruido de la violencia o el monólogo de los jefes. La violencia exacerba las diferencias e impide que unos y otros hablen y oigan; el monólogo anula al otro; el diálogo mantiene las diferencias, pero crea una zona en la que las alteridades coexisten y se entretejen. El diálogo excluye al ultimátum y así es una renuncia a los absolutos y a sus despóticas pretensiones de totalidad: somos relativos y es relativo lo que decimos y lo que oímos. Pero este relativismo no es una dimisión. Para que el diálogo se realice, debemos *afirmar lo que somos y, simultáneamente, reconocer al otro en su irreductible diferencia*. El diálogo nos prohíbe negarnos y negar la Humanidad de nuestro adversario" [*Cursivas nuestras*] (39).

[20] Al amparo de la explicada visión occidental y cristiana, renovada en el pensamiento pontificio (40), podríamos sentenciar: Si la paz es el producto del diálogo y de la tolerancia, y si el diálogo nace del reconocimiento del otro y del nosotros, con lo cual todos hemos de acomodar nuestros intereses a las necesidades de los demás haciendo posible el respeto del Bien Común, la paz es, por lo mismo, aspiración y "perpetuo quehacer" (Gs, 78), también valor preceptivo para el orden y, sin excluirse, derecho humano in totus. "La paz – sentencia la *Redemptor Hominis* – se reduce al respeto de los derechos inviolables del hombre" (41).

III. DIMENSIÓN NORMATIVA DE LA PAZ

[21] En el ámbito de lo jurídico formal, las normas internacionales y la doctrina — cuando menos hasta la Segunda Guerra Mundial — reconocieron a la paz y a la guerra como situaciones legítimas que se llaman en reciprocidad. Ambas fueron ordenadas por el Derecho, según lo dicho, dentro de una percepción de complementariedad. El Derecho constitucional interno de los Estados refleja, en variados matices y a pesar de las reformas introducidas en la última posguerra, la señalada tendencia institucional dualista (42). Así, por ejemplo, la Constitución Argentina (1994) atribuye al presidente de la Nación "declara[r] la guerra y ordena[r] represalias con autorización y aprobación del Congreso" (43). La Constitución de Uruguay (1989) otorga al presidente, actuando con el Ministro o Ministros respectivos, o con el Consejo de

Ministros, la potestad de "decretar la ruptura de relaciones y, previa resolución de la Asamblea General, declarar la guerra, si para evitarla no diesen resultado el arbitraje u otros medios pacíficos" (44).

[22] En un ángulo diferente del anterior, la Constitución de Venezuela de 1961, al prever que en los tratados que la República celebre se insertará una cláusula que obligue a la solución de las controversias por las vías pacíficas reconocidas en el Derecho internacional, dispone que el presidente "adoptar[á] las medidas necesarias para la defensa de la República, la integridad del territorio y de la soberanía, en caso de emergencia internacional" (45).

[23] La Constitución de Costa Rica (1995), que es la de mayor vocación pacifista en el Hemisferio, no tiene disposiciones equivalentes a las anteriores, salvo la atribución al Presidente junto al respectivo Ministro de Gobierno, de la competencia para "disponer de la fuerza pública [a fin de] preservar el orden, defensa y seguridad del país" (46). Finalmente, la vigente Constitución de Colombia (1993), que es la consecuencia de una realidad social de violencia institucionalizada, es la primera en reconocer a la paz como "un derecho y un deber de obligatorio cumplimiento" (47).

[24] El nacimiento y la formación de la Sociedad de las Naciones y, sucesivamente, de la Organización de las Naciones Unidas, junto a la definitiva proscripción del uso de la fuerza en las relaciones internacionales, la declaratoria de éste como ilícito

susceptible de comprometer la responsabilidad de los Estados y, en sus derivaciones, la obligación impuesta a éstos de resolver *pacíficamente* las controversias, abrieron un camino para la reversión progresiva de la nefasta cuanto viciosa tendencia del *bellum omnium contra omnes* (48).

[25] El Pacto de la Sociedad de las Naciones, en lo particular, no proscribió y, por el contrario, estableció un sistema de moratoria de la guerra, todavía reconocida como medio para la solución de los conflictos internacionales. Empero, apuntó tímidamente hacia la formación de una sociedad mundial organizada, en procura de una paz mundial estable. Los redactores del Pacto, — quizá como reflejo y en emulación de la experiencia evolutiva interna de los propios Estados o influidos por la tesis de Locke (1632-1704), que describe al estado de guerra como "la ausencia de un soberano común al que pueda acudirse en demanda de que intervenga como juez" (49) —, advirtieron lo indispensable de sustituir el régimen primitivo y disolvente de la autotutela por otro en el que la fuerza estuviese organizada de manera colectiva y en apoyo a las exigencias superiores de la comunidad internacional. Esto, *mutatis mutandis*, lo sugiere el texto del artículo 8 de dicho Pacto: "Los miembros de la Sociedad reconocen que el *mantenimiento de la paz* exige la *reducción de los armamentos* nacionales al mínimo compatible con la seguridad nacional y con la ejecución de las obligaciones internacionales impuestas por una acción común" [Cursivas nuestras] (50).

[26] La primera guerra mundial demostró que no bastaba una percepción *sistémica* de la paz, sostenida en el equilibrio de potencias entre los actores de la comunidad internacional, para declarar su conquista final. Tampoco fue suficiente el mecanismo del aplazamiento conflictual dentro de un régimen de poder orgánicamente desconcentrado como el que mantuvo la Sociedad de las Naciones, ni la proscripción nominal de la guerra como lo hizo el Pacto Briand-Kellog, en 1928. Ambos, como iniciativas para la paz, fallaban por lo sustancial: El avance desde el régimen primitivo de responsabilidad colectiva o grupal y de seguridad individual hacia otro de responsabilidad personal y de seguridad orgánica y colectiva (51).

[27] Sin ser suficiente, lo anterior suponía una cultura de la asociación como contrapartida a la cultura del clan. Ésta, a diferencia de la primera, no acata ni respeta la libertad de iniciativa, la alteridad, la subsidiariedad, la participación, el aseguramiento del Bien Común, la responsabilidad individual y, por vía de recapitulación, la finalidad intrínsecamente humana de las sociedades intermedias (52).

[28] Desde 1945, Naciones Unidas se esforzó en el diseño de un nuevo modelo para la paz internacional basada en los valores de tolerancia, convivencia pacífica e interdependencia entre los Estados. Las normas de la Carta de la Organización le han opuesto, a la anomia interestatal y a la *real politik*, el ensamblaje de las exigencias propias del

ordenamiento jerárquico y funcional del poder internacional con los objetivos que lo justifican desde el vértice de la ética humana y su estimativa.

[29] Sin embargo, la Carta de San Francisco no oculta su preferencia indirecta, en procura del mantenimiento o restablecimiento de la paz, por la aplicación de medidas coercitivas que, en última instancia, podrían incluir el uso de la fuerza armada (53). No obstante, el Capítulo IX de la misma explica que las condiciones de estabilidad y de bienestar requeridas para la paz dependen de tres factores interdependientes y complementarios del anterior: La promoción y realización del desarrollo económico y social, la cooperación cultural y educativa, y el respeto universal a los derechos humanos y las libertades fundamentales (54).

[30] Éstos, subestimados por la ordenación sustantiva de la Carta y las circunstancias de la coexistencia pacífica, son las que mejor interpretan las finalidades genuinas [v.gr. "... practicar la tolerancia y la convivencia en paz como buenos vecinos"] (55) del sistema onusiano, enunciadas en el Preámbulo de aquélla y en su artículo 1°. Es manifiesta y no discutida, en efecto, la exigencia a los miembros de las Naciones Unidas de preservar a las generaciones futuras del flagelo de la guerra. La guerra de agresión y las distintas formas de uso de la fuerza por los Estados, en supuestos distintos a la legítima defensa, son manifiestamente contrarias al Derecho internacional y, por ende, susceptibles de

comprometer la responsabilidad de los Estados e incluso la de los individuos, cuando media la comisión de crímenes contra la Humanidad (56).

[31] Esta interpretación teleológica de la Carta en su concordancia con la práctica de la Organización de las Naciones Unidas, mal se hubiese podido defender sin la oportuna complementación que, en el ámbito normativo, conllevó la Declaración Universal de los Derechos Humanos, adoptada en 1948 y a cuyo tenor "la paz en el mundo [tiene] por base el reconocimiento de la dignidad intrínseca y de los derechos iguales e inalienables de todos los miembros de la familia humana" (57).

[32] En refuerzo de lo anterior, importa destacar que la Carta condena ab initio el flagelo de la guerra, mas no por su inutilidad como afirmaban los escritores del Siglo de las Luces, sino por los sufrimientos indecibles que le ha infligido a la Humanidad. De allí el valor de la declaración de los Estados miembros al reafirmar su fe en los derechos fundamentales del hombre y, más específicamente, en la creación de las "condiciones bajo las cuales puedan mantenerse la justicia y el respeto a las obligaciones emanadas de los tratados y de otras fuentes del derecho internacional" (58).

[33] Cuando la Carta de Naciones Unidas define normativamente los propósitos de la Organización y cita, como base para la actuación de sus mecanismos de policía, las amenazas o quebrantamientos de la paz y de la seguridad de los Estados, no olvida señalar de

manera diferenciada a las tareas de fomento de las relaciones de amistad entre los Estados, de desarrollo y estímulo del respeto a los derechos humanos y las "*otras medidas* adecuadas para *fortalecer la paz* universal" [Cursivas nuestras] (59).

[34] La Declaración 290 (IV) adoptada por la Asamblea General el 1° de diciembre de 1949, bajo el título *Essentials of Peace* (Bases esenciales de la paz)60, es ilustrativa de esta tendencia. Interpretando a la Carta de San Francisco, intuye a la paz como *valor programático* y fundacional del orden posbélico, por ende, traducible a normas generadoras de pretensiones y de deberes humanos correlativos. Dicha Declaración, de suyo hace constar la urgencia de unas condiciones mínimas capaces de liberar a las personas de la angustia y de la miseria, y favorecer la realización de sus derechos civiles y políticos, económicos, sociales y culturales, todos interdependientes y correlativos al estadio esperable de *paz duradera* (61).

[35] La *Essentials of Peace* fue, a mayor abundamiento, el resultado de una iniciativa conjunta de los Estados Unidos y el Reino Unido, conducente a suplantar la propuesta de la URSS denominada "*Condenación de los preparativos para una nueva guerra, y conclusión de un acuerdo de las Cinco Potencias para el fortalecimiento de la paz*" (62). Los textos de estos dos instrumentos, por revelar posiciones señaladamente contra-puestas, son importantes para el adecuado conocimiento del modelo de paz onusiana y su evolución posterior.

[36] El proyecto ruso, desechado por la 1ª Comisión de la Asamblea General, sujetaba el sostenimiento de la paz a compromisos de orden esencialmente externo y operativos, relacionados con la idea de la *seguridad*. De alguna manera, dicha tesis postulaba una prórroga de la noción funcionalista Occidental, que tuvo vigencia desde el nacimiento y consolidación de los Estados Nacionales como unidades paritarias y actores principales del sistema internacional moderno. Según el texto referido, la paz depende de los siguientes elementos: a) Condena de la propaganda de guerra, la carrera armamentista y la inflación de los presupuestos militares; b) Prohibición incondicional del uso de armamentos atómicos, bajo control internacional, por constituir un crimen contra la Humanidad; y, c) Proscripción del uso de la fuerza y obligación de resolver pacíficamente las controversias internacionales (63).

[37] Felizmente, la resolución *Essentials of Peace* puso de manifiesto el carácter complejo de la consecución de la paz mundial y la de los Estados y, a diferencia de la propuesta que sustituyó, hizo caso omiso de la versión mecánica, coercitiva e interestatal, que tanto peso tiene para los exponentes de la realpolitik norteamericana y euroccidental. En consonancia con el espíritu de la Carta, hoy pendiente de su renovación, la Asamblea General desarrolló los principios para el aseguramiento de una *paz duradera*, tomando en cuenta las prescripciones negativas y positivas indispensables para la organización social

internacional de la posguerra, sin descuidar el objeto y la finalidad de tal estructura: Preservar la dignidad y el valor eminente de la persona humana.

[38] La citada Resolución 290 (IV), en consecuencia, hizo un llamado a todas las naciones y a los Estados Miembros de la Organización, advirtiéndoles que el menosprecio de los principios contenidos en la Carta explica la presencia de tensiones en el ambiente internacional. A los Estados miembros les invitó, de manera puntual, a "participar plenamente en toda la obra de las Naciones Unidas" (64). Instó a las naciones abstenerse de amenazar o usar la fuerza en oposición a la Carta, o de realizar cualquier acto atentatorio contra la integridad o soberanía de un Estado u orientado a fomentar la discordia civil o subvertir la voluntad del pueblo en cualquier Estado (65); e igualmente, les llamó a resolver sus controversias por los medios pacíficos establecidos y a cumplir de buena fe las obligaciones internacionales (*Pacta sunt servanda*). Seguidamente, les recordó promover, mediante la cooperación, el desarrollo de niveles de vida más altos para todos los pueblos, y a eliminar los *obstáculos que impiden la libre información y el intercambio de ideas*, "esencial para la comprensión y la paz internacionales" [Cursivas nuestras] (66).

[39] Entre otras exigencias, junto a invitar al desarme general y al control internacional del uso de la energía atómica, la Resolución hizo un llamado "a promover, en reconocimiento de la primordial

importancia de preservar la dignidad y el valor de la persona humana, plena libertad para la expresión pacífica de la oposición política, plena posibilidad para el ejercicio de la libertad religiosa y pleno respeto para todos los demás derechos fundamentales proclamados en la Declaración Universal de Derechos del Hombre" (67).

[40] La paz, dentro del ámbito conceptual y jurídico descrito viene a ser, entonces, condición y consecuencia de factores múltiples que se refuerzan mutuamente. Y por ello, en expresión de una línea consecuente con este desarrollo intelectual, Boutros Boutros-Galli, antiguo Secretario General de la ONU a quien rendimos justo homenaje, sentenció que a la diplomacia preventiva, al establecimiento de la Paz y al mantenimiento de la Paz, debe añadirse un "concepto que le es muy afín: la consolidación de la Paz (*Omissis*)", para lo cual, "la única manera de dar[le] una base duradera a la Paz (*Omissis*) es desarrollar, aunadamente, una labor sostenida para hacer frente a problemas básicos de tipo económico, social, cultural y humanitario (*Omissis*)" (68).

[41] En una perspectiva universal y de conjunto de la última posguerra, puede argumentarse que la paz es proscripción de la violencia y aseguramiento del orden que la hace posible y al cual tienen derecho todos y cada uno de los hombres: el orden de la paz. "Toda persona –cita el artículo 28 de la Declaración Universal de Derechos Humanos – *tiene derecho a que se establezca un orden social e internacional* en

el que los derechos y libertades proclamados (*Omissis*) se hagan plenamente efectivos" (Cursivas nuestras). Pero, tal orden no es sólo eso, mero orden, cual si fuese un orden de seguridad; pues ha de ser, en cumplimiento de su finalidad intrínsecamente humana, uno en el que rija la *Paz de satisfacción* (69), cifrada en la confianza recíproca y en la cooperación mutua. Es, en la interpretación contextual de la mencionada norma, derecho a una paz separada de la paz situacional, de la paz de dominación o de meros equilibrios, ineficaz por tributaria del *over kill power.*

[42] Ante la expectativa de un Nuevo Orden Mundial, la Asamblea General de Naciones Unidas, en su Resolución del 12 de diciembre de 1996 (70), se hizo intérprete de la corriente que nos conduce, ineluctablemente, hacia el establecimiento de una paz positiva en el mundo. En tal sentido, luego de destacar, en el Preámbulo de aquélla, "la necesidad de un enfoque práctico que permita, por medio de un desarrollo humano sostenible y de la promoción de la tolerancia, el diálogo y la solidaridad, lograr la cooperación y la prevención de la violencia, consolidando de ese modo la paz", formuló un "llamamiento para la promoción de una *Cultura de Paz* basada en los principios establecidos en la Carta de las Naciones Unidas, el respeto de los derechos humanos, la democracia, la tolerancia, el diálogo, la diversidad cultural y la reconciliación, (*Omissis*) como planteamiento integral para prevenir la violencia y los conflictos y contribuir a las condiciones de Paz y su consolidación" (71) [Cursivas nuestras].

La validación por la Asamblea General, además, del proyecto transdisciplinario 'Hacia una Cultura de Paz' como parte del Decenio de las Naciones Unidas para la Educación en la esfera de los Derechos Humanos (72), dice mucho a este respecto.

IV. PAZ Y GLOBALIZACIÓN

[43] Al margen de las consideraciones axiológicas y normativas precedentes, tómese en cuenta que la historia relacionada con el agotamiento reciente de la experiencia comunista y el fenómeno de la mundialzación y/o globalización, desnuda nuestra existencia y nos interpela, esta vez con mayor razón, sobre la empresa de la paz y las exigencias que se imponen para su final y humana consecución. Y no podría ser de otro modo. El agotamiento del *socialismo real* alivió en la conciencia de las generaciones actuantes la probabilidad de una Tercera Guerra Mundial, que se venía alimentando de la confrontación ideológica y el equilibrio nuclear entre Washington y Moscú. Pero, la severa crisis de identidad acusada por las sociedades de Occidente en esta década final viene desarrollando variadas y peligrosas formas de conflictividad estamental, étnica, racial, cultural y religiosa, cuya naturaleza escapa a la lógica tradicional y geopolítica de los Estados.

[44] El choque que provoca el mercado global y la subcultura que le acompaña, al devaluar al Estado y entronizar como elemento sucedáneo de integración social a la opinión pública y sólo a ella, ha dado lugar

a dos tendencias disolventes de la concordia humana, antagónicas y perniciosas por carentes de todo ánimo crítico:

(a) La parálisis y el autismo de los más como respuesta a la tempestad de la *mercadología planetaria*, según el valioso criterio de Alain Minc (73); y

(b) el repliegue de los huérfanos de la posguerra fría hacia el calor de las cofradías y otras estructuras primarias que, al atraparles su personalidad, reditúan odios y exclusiones sólo conocidas en el mundo primitivo y en el Medioevo. Todo esto, a fin de cuentas, revela que "está en juego [nuestra actual] capacidad para [re]constituir un lugar de anclaje para las identidades individuales" (74); idóneo, como lo asienta la *Pacem in Terris*, para asegurar la tranquilidad de un orden fundado en la verdad, guiado por la justicia, movido y moderado por la caridad, y desarrollado en la libertad (Pt, 35-38) (75).

[45] La cosmovisión que se gesta en nuestras narices, todavía huérfana de definiciones apropiadas, les da amplia cabida a paradigmas comunes en su ineditez. La suma entre los trastornos sociales señalados y la reciente revolución de los conocimientos y de la tecnología, a la que se agrega la convicción compartida en cuanto al paulatino agotamiento del valor estratégico del poder militar convencional, nos conminan, por lo mismo, a un replanteamiento integral del proyecto civilizatorio del hombre.

[46] En el interinato, preocupa que la persona humana medre tan precaria en su soledad moral, sin las sujeciones indispensables para la convivencia. Éstas, en el inmediato pasado y bajo la preeminencia del colectivismo marxista y de sus derivaciones, ciertamente que le diluyeron u ocultaron como criatura provista de unidad y de unicidad. Mas, hoy, en el otro extremo, se le reivindica en la anomia social y en la regresión del todo a formas primarias de mera agregación humana o disolventes del sentido transcendente del vínculo social.

[47] De ordinario, sólo en la comunión con sus semejantes, el hombre se muestra capaz de desplegarse en razón y voluntariedad. De allí que, como lo aprecia Méda, el vínculo social exprese reciprocidad: "Mientras aporto mi contribución a la sociedad, desarrollo mi sentimiento de pertenencia, quedo ligado a ella, porque la necesito y le soy útil" (76). La verdad fundante, en efecto, sólo se puede mantener en el seno de la vida social, si aceptamos que "el hombre alcanza su propio nivel por el proceso de cultivo de su Humanidad, que tiene lugar en la vida social, comenzando en la familia para desplegarse en la sociedad civil" (77).

[48] En definitiva, creemos que por una u otra vía — como al inicio de todo lo que existe — es predecible que el *humanum* intente otra vez alejar los temores que le acechan desde el lado oculto de su Ser y se enfrente, si es que ya no lo hace, consigo mismo y en su dimensión como persona. Y, quizás vuelva a

descubrir – alguien lo ha dicho – que la vida humana tiene como límite la vida misma y no la muerte. "Lo que importa [en efecto] no es el sentido de la vida en términos generales, sino el significado concreto de la vida de cada individuo en un momento dado" (78).

[49] Para tal desafío, aquél cuenta con la dignidad que le es intrínseca y que lo supone dotado de inteligencia, de capacidad de abstracción y de libre albedrío. Ella le permite descubrir el orden natural, en el que se reconoce luego de sus caídas y del que derivan los derechos y deberes que le son consustanciales. Sin embargo, dada la dinámica competitiva del momento, el hombre también puede revertirse y quedar transitoriamente atrapado en su animalidad primigenia, desarrollando instintos elementales de supervivencia.

[50] A lo mejor sí, o quizás no, podrá abrirse en esta témpora una fisura capaz de filtrar un "estado de armonía del hombre con la naturaleza, consigo mismo y con el artífice" de todo lo que es y existe, según los términos descriptivos que a la paz le asigna el Vocabulario de Teología Bíblica (79). Esta vez, como lo reclamaba Maritain, a buen seguro que el hombre apelará al despertar de su conciencia y participará en la edificación real de la paz, "aunque sólo sea por el honor de nuestra especie" (80).

[51] En el imperativo de examinar y de analizar alternativas que favorezcan el propósito de otorgarle a la paz su dimensión personal y, en el propósito obligante de reivindicar al hombre en su condición de sujeto moral, poseedor de libertad y, por tanto, capaz de actuar de manera deliberada y ser, *"pour ainsi dire, le pére de ses actes"* (81), no se puede hacer caso omiso de las prácticas renovadas que conspiran al respecto.

[52] Al comentar, en su oportunidad, las incidencias de la guerra por la invasión iraquí a Kuwait, dijimos que sería trágico para la Humanidad si, convencional o heterónomamente, las normas establecidas por la institucionalidad mundial en cierne llegasen a expresar una mera descripción, sin referencias axiológicas, de otra lucha de poderes por el poder mismo. Agregamos, entonces, que si los beneficiarios de la perestroika, influidos por un neo-iluminismo de raíz occidental, convalidan la tendencia manifiesta hacia una concentración monopólica del poder en paralelo a las Naciones Unidas y a despecho de su indispensable fortalecimiento y democratización, puede suponerse que el orden sucedáneo apenas mantendrá vigencia dentro de un limitado espacio temporal y hasta tanto la fuerza arbitraria que le sustente no sea sustituida, de manera igualmente arbitraria y violenta, por quienes en la encrucijada logren situarse como gobernantes medios del sistema internacional (82).

[53] En otras palabras: de reducirse el Nuevo Orden a una mayor influencia de Washington en el destino político de la Humanidad, no estaríamos, en propiedad, ante un nuevo orden. Nos acompañaría, como lo anunció Fraga Iribarne, una nueva situación que reclamará de urgentes contrapesos y de su canalización positiva, para evitar la hecatombe (83).

[54] En consonancia con las premisas de estas apuntaciones, hemos de repetir que un nuevo Estado de Derecho para el mundo ha de suponer una reflexión renovada sobre sus valores fundamentales y sobre los medios para organizar la paz. Y, para que sea justo y, sobre todo, permanente, el Orden Mundial esperado deberá conciliar las admisibles y legítimas aspiraciones de quienes ahora intentan actuar como sus repartidores supremos con el derecho a la esperanza de quienes, en el curso de los últimos cincuenta años, fueron víctimas espirituales y materiales del antagonismo Este-Oeste.

[55] En este sentido, asegurada como se dice (¿?) la estabilidad del Occidente queda pendiente, entre otras muchas tareas de humanización de la vida en el Planeta, resolver el desencuentro milenario del Oriente Medio por indigno de la civilización que se levanta. De animarnos un sincero tránsito desde la Paz de los Equilibrios hacia la Paz de la Concordia, ello exigirá la mutua comprensión entre los valores seculares de nuestra civilización y los que se desprenden de las otras corrientes culturales en boga, entre éstas el islamismo, cuyas categorías religiosas y

políticas no han cesado de mantener una admirable unidad funcional durante casi dos milenios de historia: *Ex Oriente lux, ex Occidente lex* (84).

V. CULTURA DE PAZ Y DERECHOS HUMANOS

[56] «Una paz fundada exclusivamente en acuerdos políticos y económicos entre gobiernos – según reza el Preámbulo de la Constitución de la UNESCO – no podría obtener el apoyo unánime, sincero y perdurable de los pueblos (*Omissis*); la paz debe basarse en la solidaridad moral e intelectual de la Humanidad».

[57] A tenor de este mandamiento y, en la convicción, como lo apunta el mencionado Preámbulo, de que "las guerras nacen en las mentes de los hombres, [y] es en la mente de los hombres donde deben erigirse los baluartes de la paz", Federico Mayor, director general de dicha Organización, nos propuso a todos asumir el reto de pasar de una cultura de guerra a una Cultura de Paz (85).

[58] Las premisas de la convocatoria promovida por Mayor no podían ser más contundentes: "Un sistema se hundió en 1989 porque, basado en la igualdad se olvidó de la libertad. El sistema presente, basado en la libertad, correrá igual suerte si se olvida de la igualdad. Y de la solidaridad". Y para ello, a fin de erradicar la violencia, no existe alternativa que ir "a las fuentes mismas del rencor, la radicalización, el dogmatismo, el fatalismo". "La pobreza, la ignoran-

cia, la discriminación, la exclusión... son formas de violencia que pueden conducir — aunque no la justifiquen nunca — a la agresión, al uso de la fuerza, a la acción fratricida" (86).

[59] Después de la decepción del materialismo y del servilismo al mercado, comenta el director general de la UNESCO, podemos fraguar la paz "en el regreso a la libertad de pensar y de actuar, sin fingimientos, a la austeridad, a la fuerza indomable del espíritu, clave para la paz y para la guerra", que se resume en el derecho a nuestra soberanía personal, al respeto a la vida y su dignidad. En otras palabras: en el derecho a la paz, que condiciona a todos los derechos, porque, como dijo Mayor al inicio de su mensaje institucional de enero de 1997: "La paz duradera es premisa y requisito para el ejercicio de todos los derechos y deberes humanos" (87).

[60] **El derecho humano a la paz** – proyección hacia lo universal y no sólo en lo doméstico del derecho a la vida en plenitud (87ª) – y su reconocimiento como paradigma moral e intelectual, en consecuencia, viene a ser el fundamento necesario de la Cultura de Paz, y la motivación que subyace en la Resolución 52/13 de la Asamblea General de la ONU del 11 de noviembre de 1997. Ésta, justamente, "pide al Secretario General que, en coordinación con el Director General de la Organización de las Naciones Unidas para la Educación, la Ciencia y la Cultura y teniendo en cuenta el debate celebrado en la Asamblea General, las sugerencias concretas de los

Estados Miembros y las observaciones, si las hubiere, de los Estados miembros en el vigésimo noveno período de sesiones de la Conferencia General de la Organización de las Naciones Unidas para la Educación, la Ciencia y la Cultura, presente un informe consolidado que contenga un *proyecto de Declaración y Programa de Acción sobre una Cultura de Paz* a la Asamblea General en su quincuagésimo tercer período de sesiones" [Cursivas nuestras] (88)

[61] La Cultura de Paz, sin excluir ni contravenir "las situaciones de emergencia [que] deben tratarse con procedimientos de toma de decisión y de acción diseñados especialmente..." (89), se propone, exactamente, acometer todo aquello que no puede hacerse en un contexto de guerra y apenas es posible en la tarea diaria pero obligante de la convivencia y de la tolerancia. El derecho a la paz y su cristalización, por su parte, supone el reconocimiento del señorío de la persona humana sobre toda obra terrena, así como la afirmación de la interdependencia entre los derechos humanos, la libertad, la práctica de la democracia con equidad y la vigencia de un orden natural sin el cual, aquéllos y éstas, serían letra muerta.

[62] Ya lo dice Mayor, con verbo entusiasmado: "Paz, desarrollo y democracia forman un triángulo interactivo. Sin la democracia no hay desarrollo duradero: las disparidades se hacen insostenibles y se desemboca en la imposición y el dominio" (90). Se desemboca en la violencia, diríamos nosotros, que,

por lo arbitrario de sus dictados no es otra cosa que ausencia de la paz. En su complejidad como noción, hemos de admitir que la paz responde a una necesidad humana sustancial y, por ello mismo, es susceptible de ser definida como derecho humano. Si se quiere, como lo alega con lucidez Uribe-Vargas, es *derecho humano síntesis* (91), mas no una caricatura de los derechos, según afirmara algún experto durante la reseñada Consulta de París. Sin la paz no existen los derechos humanos. Sin la paz no sólo reina la violencia, antes bien se degrada la obra humana y la vida pierde su carácter trascendente. Es la paz una aspiración como lo son todos los derechos humanos, sin que por ello dejen de ser tales, pues se conquistan cotidianamente y cotidianamente se ven limitados o frustrados en su cabal realización.

[63] Para la genuina cultura occidental y cristiana – ya lo hemos visto – esta idea de la paz como inherente al ser humano y constitutiva de un derecho humano fundamental, no admite vacilaciones en su alegación. La vida sólo se entiende, en el plano de lo racional, cuando es algo más que mera subsistencia física, puesto que, si ésta, la vida, es presupuesto necesario, requiere, para ser vida humana, de la vida espiritual y de la vida de relación. Es ilustrativa, a este respecto, la ejemplaridad que en los orígenes de nuestro pensamiento jurídico significó la llamada paz del hogar, practicada por las tribus germánicas desde los inicios del milenio (91ª).

[64] Según el testimonio de la Iglesia Católica — debemos repetirlo hasta la saciedad — "el respeto y el crecimiento de la vida humana exigen la paz... La paz — según observa el nuevo Catecismo — no se puede obtener sobre la tierra sin la salvaguarda de los bienes de las personas, la libre comunicación entre los seres humanos, el respeto a la dignidad de las personas y de los pueblos, la práctica asidua de la fraternidad" (92). Bástenos con apreciar, en cuanto a lo dicho, que "en todos sus niveles, el orden de la vida, de toda vida, tiene como evidente objetivo, aunque a veces no se cumpla, su plena y completa realización [; y así,]... se destaca como norma básica de la Ley Universal, en su aplicación al hombre, la de no matar (Mt.5,21), que, expresada en otros términos, significa: *Debes respetar la vida humana como uno de los mayores bienes del orbe"* (93).

[65] Para la UNESCO – alma mater de todas las culturas – proclamar el derecho humano a la paz y defender ante sus miembros la necesidad de su urgente cristalización, responde a un imperativo de base: Si la paz significa diversidad cultural, conciencia crítica, prevención como facultad distintiva de lo humano, es evidente que deben garantizarse los intangibles: esos recursos sin los cuales el hombre apenas sería especie biológica (94); debe proveerse lo necesario, en suma, para que el rostro humano aparezca en la ordenación de todos los bienes terrenos, porque el hombre es "centro y cima de todos ellos" (Gs,12) (95).

[66] En cierto modo, con lo dicho parece coincidir Pérez Luño, cuando escribe que "la guerra podría considerarse como un intermitente retorno a la barbarie ancestral en la que el progreso no sucumbe gracias a esa Providencia divina, que en Vico anticipa la «astucia de la razón» (*die list der Vernunft*) hegeliana. De aquí el peligro constante de autodestrucción que gravita sobre la especie humana, y el ineludible compromiso de quienes apuestan por la supervivencia de coadyuvar al providencialismo y a la astucia racional para evitar la hecatombe" (96).

VI. EL DERECHO HUMANO A LA PAZ Y LAS NACIONES UNIDAS

[67] La calificación y el reconocimiento de la paz como derecho humano y fundamento de la Cultura de Paz, tiene antecedentes de especial significación dentro el ámbito jurídico internacional. Tantos, que bien podría sostenerse el bizantinismo o inutilidad de un debate como el que planteó, en sus términos, la Consulta Internacional de París. Se citaron supra algunas disposiciones de tratados y declaraciones diversas que ya dan cuenta de la relación sustancial entre la paz y la vigencia de los derechos humanos, la cual no se reduce a una mera vinculación del continente con su contenido. Es imprescindible subrayar, sin embargo, que la paz ha sido objeto de una específica y progresiva juridificación que le confiere, además, contextura propia. Mejor aún, ha sido descrita como un derecho humano fundamental, si bien su portada y contenido no han sido lineales en el curso de los años.

[68] Hasta el presente y en tanto que propósito de las Naciones Unidas – 1945/1949 – (97), a la paz se la ha descrito como orden social – 1948 – (98); como garantía principal y también como ideal – 1965 – (99); como objeto del derecho a la educación – 1966 – (100); como desiderátum de la seguridad internacional y de sus medidas efectivas – 1970 – (101); como antípoda del crimen internacional de agresión – 1974 – (102); como bien indivisible e inseparable de la seguridad – 1977/1978 – (103); como derecho inmanente de toda nación y de todo ser humano – 1978 – (104); como aspiración de la Humanidad, derecho sagrado de los pueblos y obligación de los Estados – 1984 – (105); como elemento esencial del derecho al desarrollo – 1986 – (106); como objeto de la educación en la esfera de los derechos humanos – 1995 – (107); y, finalmente, como razón de una nueva cultura sustitutiva de la cultura de guerra y violencia dominante – 1998 – (108).

[69] En la caracterización de la paz como derecho humano debe mencionarse — como lo hicimos supra — la norma del artículo 28 de la Declaración Universal de Derechos Humanos (1948), que prevé el derecho de toda persona a un orden social e internacional <<en el que los derechos y libertades proclamados... se hagan plenamente efectivos>>. Aparentemente, los forjadores de este orden social y, por ende, destinatarios del mandato contenido en la Declaración, serían los Estados y la comunidad internacional (108a). En su respectivo núcleo, el derecho a la paz, concebido como orden, de suyo

derivaría en derecho humano colectivo, difuso, carente de inmediatez en cuanto a su realización. Por consiguiente, para concretarse su violación habría de mediar una relación directa con el incumplimiento de otro derecho humano específico, que haga parte de aquellos indispensables para el sostenimiento del comentado orden de la paz: V.gr. el derecho de toda persona a un recurso expedito y sencillo, capaz de ampararle en el ejercicio de sus derechos fundamentales, civiles y políticos, económicos, sociales o culturales.

[70] En la Declaración sobre el fomento entre la juventud de los ideales de paz, respeto mutuo y comprensión entre los pueblos, de 1965, se prescribe la obligación de los Estados y el cometido de la UNESCO en cuanto al *deber de educar a la juventud* en el espíritu de la paz (109). El derecho a una educación para la paz sería, en tal sentido, la contrapartida de dicha prescripción, cuya naturaleza le reduce a una obligación de hacer de efectos mediatos y de cumplimiento diligente. Dicho derecho se encuentra reforzado, como derecho a la educación, por el artículo 13 del Pacto Internacional de Derechos Económicos, Sociales y Culturales (1966) cuyo texto dispone que "la educación *debe capacitar a todas las personas para participar* efectivamente en una sociedad libre, favorecer la comprensión, la tolerancia y la amistad..., [e igualmente] promover las actividades de las Naciones Unidas en pro del mantenimiento de la paz" (109a).

[71] El contenido del derecho a la educación, según los términos del indicado Pacto, es compatible con la concepción integral y dualista que, como criterio práctico, asumió la Carta de San Francisco, es decir: (a) Aseguramiento de la paz positiva, en tanto que disposición personal y social a la tolerancia y al favorecimiento de la amistad entre todas las naciones y entre todos los grupos, sin discriminaciones; y, (b) garantía de la paz negativa, expresada en el concurso de los mecanismos de seguridad colectiva internacional competentes para el mantenimiento de la paz externa y funcional entre los Estados.

[72] En la Declaración sobre la preparación de las sociedades para vivir en paz (1978), la paz adquiere, por vez primera, su plena contextura como derecho humano, individual y colectivo, al disponerse que "toda nación y todo ser humano, independientemente de su raza, convicciones, idioma o sexo, tiene el *derecho inmanente a vivir en paz*" (110).

[73] Ante el propósito de establecer, mantener y fortalecer una paz justa y duradera, la Declaración fija diversos principios ordenadores de la paz, dentro de los cuales cita el respeto a los "demás derechos humanos" (111) correlativos, es decir, los derechos civiles y políticos, económicos, sociales y culturales reconocidos. Los obligados al respeto de los señalados derechos, por razones obvias y a tenor de lo establecido en los mismos Pactos Internacionales sobre la materia, son esencialmente los Estados y, de manera subsidiaria, también los individuos, por razón

de los deberes que les incumben frente a los otros individuos y ante la colectividad de la que formen parte. Nada dice la Declaración, sin embargo, sobre el eventual vínculo entre los *otros principios* enunciados por la misma y el señalado derecho a vivir en paz, si bien se le menciona a propósito de éste.

[74] Estos otros principios, en orden enunciativo, tienen que ver ora con la seguridad del orden (e.g. , la proscripción de la guerra de agresión y su propaganda, el respeto a la soberanía e integridad territorial de los Estados, la eliminación de la amenaza de la carrera de armamentos, el desestimulo tanto del colonialismo y de sus prácticas como del *apartheid* o la promoción del odio y de los prejuicios entre los pueblos, etc.), ora con la cooperación para la paz (política, económica, social y cultural), cuya realización se sitúa, inexorablemente y dada la esencia de los compromisos que aquellos involucran, dentro de los deberes que corresponden primordialmente a los Estados (112).

[75] La Declaración anterior establece, por otra parte, como medios para la consecución de los cometidos a que se contraen sus principios, un conjunto de tareas que, afortunadamente, dicen más en cuanto al criterio supra mencionado de la *paz positiva* y de su cristalización. Así, se insta a los Estados a respetar los derechos constitucionales y la función integradora de la familia y de otras sociedades intermedias, facilitando la cooperación entre éstas y favoreciendo, al respecto, la implementación de

políticas pertinentes, que incluyan la consideración de los procesos educativos y el valor inestimable de la información (113).

[76] En cuanto a este último aspecto, no se olvide que los editores y los directores de diarios de América Latina, reunidos en Puebla (México, 1997) bajo los auspicios de la UNESCO, declararon que "la armonía interna en las sociedades y el entendimiento pacífico entre las naciones demandan transparencia informativa y de opinión, para superar las diferencias y construir los acuerdos". De ahí deriva, exactamente, el sentido y la relación que con la ética de la paz y de la democracia tiene la protección del llamado derecho a la información (veraz ¿?) de los ciudadanos (113ª).

[77] En 1984, la Asamblea General de la ONU, adoptó una nueva Declaración, esta vez sobre el *Derecho de los pueblos a la paz* (114), que bien podría interpretarse como regresiva en cuanto a los alcances de la precedente Declaración de 1978. La mención exclusiva a los pueblos, vocablo jurídico internacional propio del mundo en desarrollo y acogido por el Pacto Internacional de Derechos Civiles y Políticos, por aludir al derecho humano a la autodeterminación (Artículo 1°) de suyo fortalece, por una parte, el vínculo de la paz con el Bien común (¿?) y en lo particular con el hombre diluido en lo colectivo; más, por otra parte, olvida la relación de la paz con el hombre en cuanto tal, que es la que le otorga a la paz, justamente, su dimensión personal y su carácter moral.

[78] Esta Declaración, al postular el *derecho sagrado* de los pueblos a la paz y fijar la obligación de los Estados en cuanto a su realización, destaca el interés por asegurar el desarrollo de políticas públicas orientadas a prevenir "una catástrofe mundial nuclear" (115). La circunstancia de que los destinatarios de este derecho difuso no sean, en lo puntual, todos y cada uno de los seres humanos, en adición a los Estados; el que las obligaciones de cumplimiento correspondan sólo a éstos; y que, en el mismo renglón, las políticas reclamadas por la Declaración estén restringidas a la parte conductual externa de los miembros de la comunidad internacional [eliminación de la amenaza de la guerra nuclear, renuncia al uso de la fuerza en las controversias internacionales y arreglo pacífico de las controversias] (116), muestra que la susodicha Declaración se apoya en una idea restrictiva de la paz, como *paz negativa*, y en la visión según la cual el tema de la paz es materia reservada a la gestión colectiva de las sociedades políticamente organizadas, es decir, a los Estados (117).

[79] Quizá podría afirmarse, con vistas a la señalada evolución, que el derecho a la paz presupone derechos y obligaciones correlativas dirigidas a distintos sujetos, cada uno de los cuales, en su ejercicio, se encuentra limitado y contrabalanceado por la igual pretensión de los otros. No es una tesis que nos convenza mucho, dado el sentido finalista y esencialmente humanizador que marca la evolución de la comunidad internacional desde el plano del individuo, pasando por el Estado y fundiéndose éstos,

a su vez, en la idea de la Humanidad común. Empero, como lo sostiene Adrián Nastase con verdadera lucidez e imaginación metodológica, *"le droit à la paix a comme sujets les individus, les peuples et les États"* (117ª). Como derecho de los Estados tendría su apoyo en la interdependencia que les sujeta y en la vigencia de los derechos de igualdad soberana que les asegura la Carta de San Francisco y que son considerados *"sous l'angle de l'objectif de maintien de la paix internationale"* (117b). Por su parte, el derecho a la paz de los pueblos tendría, según el autor, un contenido semejante; si bien haría relación directa con los problemas de la guerra y de la paz que convoca el derecho humano a la autodeterminación. En el nivel de la persona humana, finalmente, *"le droit à la paix comporte également un élément de protection, à savoir le droit de l'individu à vivre dans la paix, c'est-à- dire son droit àl'existence et à la vie"* (117c).

VII. LA DECLARACIÓN DE OSLO Y SU REVISIÓN

[80] De consuno a la Universidad de Las Palmas y al Instituto Tricontinental de la Democracia Parlamentaria y de los Derechos Humanos, la UNESCO realizó, en febrero de 1997, un primer encuentro de expertos para discutir, de manera abierta y sin prevenciones, la propuesta de Mayor Zaragoza sobre el derecho humano a la paz como fundamento de la Cultura de Paz. En su declaración final, los expertos hicieron ver que "el mantenimiento y el restablecimiento de la paz entre los Estados y al interior de

éstos, encuentran obstáculos — a la vez — políticos, económicos, sociales y culturales, que conviene superar a través de medidas apropiadas, especialmente de carácter ético y jurídico" (118).

[81] Lo que es más importante, al reconocer que "todo hombre tiene un derecho a la paz que es inherente a su dignidad de persona humana", estimaron que "la puesta en práctica [de un derecho de esta naturaleza] exige que los deberes correspondientes sean asumidos de manera plural por los individuos, los Estados, las organizaciones internacionales y todos los demás actores de la vida en sociedad" (119). La indivisibilidad de la paz – bien lo dice Mohammed Bedjaoui – tiene como corolario "la solidaridad de todos los actores del juego social concebido en su dimensión cosmogónica" (120).

[82] En seguimiento de lo anterior y por iniciativa del mismo Director General de la UNESCO, un grupo de profesores y expertos reconocidos – Karel Vasak (Francia), R.Ben Achour (Túnez), A.Eide (Noruega), H.Gros-Espiell (Uruguay), R.Ranjeva (Madagascar/ Cij), E.Roucounas (Grecia), A.A.Cançado-Trindade (Brasil/ Cidh), C.Zanghi (Italia), J.Symonides (Polonia/UNESCO) y A.Aguiar (Venezuela) – asumió la tarea de redactar el Proyecto de Declaración Universal sobre el Derecho Humano a la Paz, siguiendo las orientaciones del Encuentro de Las Palmas y ayudados por el lúcido anteproyecto del Profesor Vasak. La sesión respectiva se realizó en Oslo, en la sede del Instituto Noruego de Derechos Humanos, dependiente del Senado de la Universidad de Oslo, en junio de 1997.

[83] El proyecto de Declaración conocido como la Declaración de Oslo (121), y la versión de éste revisada por Federico Mayor (122), enuncian los antecedentes normativos internacionales de la relación inescindible entre la paz y los derechos humanos, y destacan — en lo particular el Proyecto Mayor — que la ausencia de la paz "perjudica gravemente el respeto de la vida humana, la dignidad y la puesta en práctica de todos los derechos humanos" (123). Una y otra, seguidamente, levantan toda su ingeniería normativa sobre un concepto matriz: *"La paix, bien commun de l'humanité, est un valeur universelle et fondamentale à laquelle aspirent tous les êtres humains et tous les peuples et en particulier la jeunesse du monde"* (124).

[84] Visto, entonces, que el respeto a la vida convoca naturalmente y desde lo íntimo de la conciencia a todo el género humano, al margen de las diversas conductas antropológicas que éste haya asumido en el curso de su existencia; y, siendo que la paz, por ello mismo, se le impone como necesidad legítima al hombre y a todos los hombres, ella es, en consecuencia, susceptible de ser formalizada como norma de conducta, cuando menos en el ámbito de lo moral. Toda 'necesidad' humana esencial da lugar, en efecto, al derecho o a los derechos que permitan su satisfacción. De manera que, el presupuesto del que arrancan los textos comentados – la Declaración de Oslo y su versión revisada – fue revestido de una lógica impecable. Los dos, en efecto, declaran la existencia de un *derecho humano a la paz* que sirve de fundamento al arbitrio de las vías y recursos

capaces de superar, como reclamo impostergable de la dignidad humana, los obstáculos que actúan como fuentes primarias de la violencia: Las disparidades sociales, la situación de los sectores vulnerables de la población, las exclusiones, la ausencia de educación y de participación política democráticas, el armamentismo y, en general, las violaciones masivas y sistemáticas de los derechos humanos.

[85] Por tal motivo, el pronunciamiento de Las Palmas sugirió distinguir entre las medidas de carácter ético, carentes de fuerza vinculante externa, y las medidas jurídicas, sólo viables mediante el concurso expreso del voluntarismo estatal o inter-estatal, según los casos (125). La Declaración de Oslo, en línea con esta apreciación, al consagrar el derecho a la paz y prevenir sobre sus requerimientos morales y prácticos, enuncia, por ello mismo, tanto el marco conceptual cuanto los medios y las medidas de uno u otro género que deben ser dictadas para su aplicación: "Medidas..., de carácter constitucional, legislativo y administrativo, en los planos económico, social y cultural, y en las esferas de la enseñanza, la ciencia y la comunicación..." (126).

[86] Esta distinción no peca de trivial. Recuérdese con Kelsen (1881-1972) que "el Derecho — en su versión unidimensional normativa — proporciona sólo una paz negativa...". Si la solución de los problemas que ésta plantea se considera estrictamente política, la paz, en tanto que situación en la que no existe uso de la fuerza, deriva, ciertamente, en una tarea de carácter estrictamente técnico (127).

[87] En el Proyecto Mayor, por cierto, se descargan los considerandos que en la Declaración de Oslo, dada su propensión al tratamiento de los perfiles jurídicos del derecho a la paz, constatan la necesidad de establecer medidas apropiadas dentro del contexto de la Declaración Universal de 1949, de los Pactos Internacionales de 1966 y concertadas entre los distintos actores sociales (Estados, organizaciones internacionales, ONG's e individuos, entre otros) para superar los obstáculos que dificultan el mantenimiento y el restablecimiento de la paz entre los Estados (128). No por ello, sin embargo, aquel obvia lo que es indispensable, central y común mutatis mutandis tanto al mismo como a la Declaración de Oslo: *"Tout être humain a le droit à la paix qui est inhérent à sa dignité de personne humaine"* (129).

[88] La paz, según la Declaración de Oslo, es considerada como un derecho y como un deber. Como tal derecho, inherente a la persona humana, es susceptible de delimitación mediante el conocimiento de las modalidades que pueden contravenirle: La guerra y cualquier forma de conflicto armado, la violencia en todas sus formas y cualquiera sea su origen, así como la inseguridad de las personas son intrínsecamente incompatibles con el derecho humano a la paz. En consecuencia, *"le droit de l'homme à la paix doit être garanti, respecté et mis en oeuvre sans discrimination..."* (130).

[89] Se entiende, obviamente, que el *reconocimiento del derecho humano a la paz*, en la idea de los proyectistas de la Declaración de Oslo, tiene lugar

con la proclamación y adopción de ésta; siendo potestad de los Estados y de los otros miembros de la comunidad internacional con capacidad de autodeterminación, conforme a lo señalado supra, disponer las 'medidas apropiadas' y de contenido jurídico tendentes a cristalizar los objetivos indicados. De manera específica, la citada Declaración llama a los Estados para "promover y fomentar la Justicia Social tanto en su territorio como en el plano internacional, en especial mediante una política adecuada encaminada al desarrollo humano sostenible" (131), en forma tal de que puedan cauterizarse las fuentes subyacentes de la violación de la paz interna e internacional.

[90] Como deber y según los términos de tal Declaración, el derecho humano a la paz compromete, igualmente, a "todo ser humano, todos los Estados y los otros miembros de la comunidad internacional, y todos los pueblos" (132). Es decir, todo actor social tiene, cuando menos, la obligación de contribuir en las tareas de prevención, mantenimiento y construcción susceptibles de promover la paz y evitar tanto los conflictos armados como cualesquiera otras formas de violencia. "Les incumbe en particular favorecer el desarme y oponerse por todos los medios legítimos a los actos de agresión y a las violaciones sistemáticas, masivas y flagrantes de derechos humanos [pues] constituyen una amenaza para la paz" (133).

[91] Sin renunciar al principio básico, que afirma la existencia del derecho de todo ser humano a la paz en tanto que fundamento del compromiso de "erigir

cada día, mediante la educación, la ciencia, la cultura, la educación y la comunicación, los baluartes de la paz en la mente de los seres humanos" (134), el Proyecto Mayor, por su parte, cuida prevenir sobre el objetivo que interesa a la UNESCO en esta materia y que justifica la iniciativa de una Declaración Universal al respecto: "Afirmar los valores comunes de la cultura de la paz y darles base jurídica" (135).

[92] El Proyecto Mayor es manifiesto en cuanto a su intención de no establecer obligaciones vinculantes para los Estados. De allí el contenido escueto de sus párrafos y la forma meramente declarativa y principista que asume en su texto la proclamación del derecho humano a la paz. No desestima, eso sí, su finalidad en cuanto a asegurar, mediante un consenso de ideas, la adhesión de todas las culturas en torno a los ideales de la Constitución de la UNESCO. Y, por virtud de tal compromiso, favorecer "que las religiones, cuyo fundamento es el amor, no [nos lleven] al enfrentamiento y al odio, y que las ideologías, en la libertad de expresión y de participación, [estén] al servicio de la democracia y no de la dominación, de la imposición y de la fuerza" (136).

[93] El mismo, que sirvió de soporte o material de trabajo para la Consulta Internacional de París, luego de definir la razón de la Cultura de Paz declara que el derecho a la paz "constituye [su] fundamento..." (137). Dentro de este contexto, apenas se limita a formular un llamado a «todos» los actores sociales para que promuevan y apliquen el derecho de todo ser

humano a la paz, por ser el mismo "fundamento de una verdadera Cultura de Paz" (138). En cualquier hipótesis, si bien evita, por las razones enunciadas, toda especificidad acerca de las formas diversas de agresión o las otras modalidades señaladas por el derecho internacional como atentatorias contra la paz, no deja de mencionar de modo general y a título de principios ordenadores, que:

(a) la violencia en todas sus formas es incompatible con el derecho humano a la paz; y,

(b) que las desigualdades, la exclusión y la pobreza pueden aparejar violaciones de la paz internacional e interna, que obligan a la promoción de la Justicia Social y el desarrollo humano sostenible (139).

[94] La aproximación y el enfoque que le da el Proyecto Mayor al derecho humano a la paz son, a fin de cuentas, los más adecuados a los objetivos institucionales de la UNESCO. Además, se sitúan dentro del mismo riel de evolución de la Declaración Universal de 1948 en su relación con los Pactos Internacionales de 1966. Recuérdese que la primera apenas enunció los derechos humanos reconocidos para la época. A los segundos, casi veinte años después, les correspondió definir el núcleo de los respectivos derechos y de las obligaciones a cargo de los Estados, de las organizaciones internacionales y no gubernamentales y de los individuos, con vistas a garantizar y asegurar, en el orden interno e internacional, el respeto de los derechos proclamados.

VIII. CONSULTA DE PARIS (I)

[95] En lo atinente a la caracterización de la paz como aspiración y como valor universal, hubo plena coincidencia entre las apreciaciones de los jefes de Estado y de Gobierno (140) y las de los expertos reunidos en la Consulta de París (141). Su definición como *bien común de la Humanidad* no fue motivo de controversia específica, quizá por la poca influencia que tal noción, de señalada raigambre comunitaria, podría tener – según el juicio de alguna tendencia positivista – en la conformación asociativa de un derecho humano a la paz con incidencias jurídicas y meta-morales (142). Sin embargo, a partir de esta coincidencia inicial de criterios sobre el contenido de la Declaración de Oslo y su versión revisada, tiene lugar el subsiguiente divorcio entre quienes rechazan o apoyan, sin más reservas, el reconocimiento de la paz como derecho humano fundamental o quienes, matizando sus discursos, atribuyen a ésta la categoría de un mero *deber ser*.

[96] Cabe destacar que, con anterioridad a la Consulta de París, la Representación de Luxemburgo ante la UNESCO y el secretario de Estado para Asuntos Extranjeros de Suiza, adelantaron sus observaciones a la iniciativa de un proyecto de Declaración sobre el derecho humano a la paz. Luxemburgo, incluso antes de celebrarse la vigésimo novena Conferencia General de la Organización, destacó que la paz es tarea de los Estados y no de las personas, lo cual haría imposible otorgar un derecho de este tipo como legal (sic). Agregó, además, que las

menciones a las dificultades económicas, desigualdad, exclusión y pobreza contenidas en el Proyecto de Declaración pertenecían al denominado derecho al desarrollo (143).

[97] Suiza, por su parte, asintió sobre la necesidad de clarificar algunos puntos de vista sobre el tema de la paz que juzgó de 'importancia mayor', y debido a lo cual hizo constar su deseo de encontrar una línea común entre los Estados antes de que se adoptase el texto de la Declaración in comento. A manera de ejemplo, se preguntaba la Secretaría de Estado suiza si la paz ¿acaso no toca el dominio reservado de la Asamblea General de la ONU? Igualmente, advirtió sobre una ausencia de precisión en cuanto al contenido, portada y consecuencias del pretendido derecho a la paz, y acerca de la forma en que se podría hacer efectivo dicho derecho, sobre sus relaciones con los demás derechos humanos ya reconocidos, y sobre las consecuencias que tendría una Declaración de esta naturaleza para el mismo sistema de protección y de garantías internacionales e internas (144).

[98] El escenario planteado por estas interrogantes y la conveniencia de despejarlo en términos absolutamente constructivos, reafirmó, indiscutible- mente, la validez y oportunidad de la Consulta propuesta por la Conferencia General de la UNESCO, así como el esfuerzo de adaptación del proyecto original de la Declaración de Oslo, que en buena hora hizo el director general de la UNESCO, Federico Mayor (145).

[99] En general, los representantes de los países que durante el curso de los últimos cincuenta años fueron víctimas del antagonismo Este-Oeste y, junto a éstos, buena parte de los preteridos de la comunidad internacional contemporánea, manifestaron, apoyados en sus particulares experiencias nacionales, un admirable y militante apoyo a la Declaración de Oslo, en su versión revisada (Proyecto Mayor). Otro tanto hicieron Portugal y la mayoría de los expertos de Europa oriental y de las nuevas repúblicas nacidas del desmembramiento soviético. Al constatar esto, salvamos algunas sugerencias particulares, como las de Brasil, Chile o Perú, en el caso de América Latina, que admitiendo la viabilidad del proyecto hicieron valer algunos argumentos coincidentes, de manera parcial, con los esgrimidos por quienes rechazaron durante la Consulta la iniciativa de la UNESCO (146). Brasil consideró que la proclamación del derecho humano a la paz, si procedente debe cuidarse de no invadir las áreas de competencia del Consejo de Seguridad y tampoco incorporar la violencia o las perturbaciones internas dentro de los supuestos de vulneración de la paz. Chile, a su vez, recomendó actuar con prudencia en la creación de nuevos derechos humanos, en tanto que, Perú, sugirió sustituir la denominación derecho humano a la paz por otra menos polémica, que pudiese satisfacer el requerimiento común de fundamentar el Proyecto Transdisciplinario de Cultura de Paz.

[100] Los países árabes, en lo especial, demandaron la mención en el proyecto de las formas varias y específicas de violencia (agresión, ocupación

de territorios, asistencia a grupos armados, bloqueo y sanciones económicas, etc.) de las que han sido o son víctimas por obra de sus enemigos, que les niegan – en el dicho de estos expertos – conocer la paz, menos todavía aproximarse a la misma como derecho fundamental e inalienable de los pueblos. Israel, antes que oponerse a la iniciativa del derecho humano a la paz y luego de aplaudir las acciones de la UNESCO en el Medio Oriente, manifestó su firme voluntad de propiciar un consenso alrededor del proyecto de Declaración.

[101] Por lo demás, a lo largo del debate suscitado por la Consulta, este amplio espectro de países acuñó conceptos o expresiones de verdadera significación, en modo de propender al mejoramiento del texto del proyecto o contribuir al debate de sus aspectos neurálgicos: La declaración — en opinión de estos expertos — expresa un enfoque intelectual y ético, no es una proposición jurídica y vinculante (Uruguay); es una declaración de principios con un peso moral equivalente a la Declaración Universal de 1948 (Benín). Responde a las competencias de la UNESCO, pues no debe olvidarse que el hombre está en el centro de sus preocupaciones en todo cuanto tiene que ver con la paz (Madagascar) y, como lo dijo Mayor en su discurso inaugural, es propósito compatible con la misión ética de la organización sustituir el circulo vicioso de la fuerza y de la dominación por un círculo virtuoso, interactivo, que llene el vacío humano de las abundantes declaraciones y resoluciones internacionales que se refieren a la paz. A este fin, el experto de Gabón mencionó que

es necesario tener en cuenta la trilogía paz, justicia y democracia y, de la misma manera, la relación entre la democracia y los derechos humanos como fundamento de la paz (Portugal).

[102] La paz — agregaron los expertos gubernamentales — no es un concepto abstracto, es un requisito para la vida de toda persona. Hay que preguntarse, antes de hablar del derecho a la paz, si estamos dispuestos a pagar el precio de la paz ante la amenaza de la uniformidad y el descuido de la justicia y el desarrollo, que son los pilares de aquella (Irán). No se puede hablar, en efecto, de derecho humano a la paz en un mundo amenazado por la agresión y por las violaciones flagrantes de derechos humanos (Siria). La paz es un derecho dinámico (El Salvador), se articula con la Declaración Universal para servir de marco ético a la promoción de la paz. Y, por ello mismo, es un derecho y no un nuevo derecho (República Dominicana). Es, en esencia, un derecho humano síntesis, porque condiciona el respeto de los otros derechos humanos (Colombia); "... c'est [le droit de l'être humain à la paix] la construction des valeurs éthiques comme des défenses et non la destruction par les armes suivie d'une reconstruction garantie par un contingent des casques bleus" (Benín). El derecho humano a la paz, en resumen, es parte de los derechos de solidaridad y no se puede concebir sin el derecho al desarrollo, además de que es necesario para el disfrute de los otros derechos (Senegal) y viceversa. Tanto que, a manera de ejemplo, siendo la pobreza una de las razones de la

violencia, su eliminación es condición para la paz
(Zimbabue), en otras palabras, el desarrollo contribu-
ye a la consolidación de la paz (Brasil).

IX. CONSULTA DE PARIS (II)

[103] Durante la Consulta de París, expresaron
sus reservas al reconocimiento del derecho humano a
la paz buena parte de los expertos de los países
miembros de la Unión Europea, en particular los de
Gran Bretaña – recién incorporada como miembro de
la UNESCO —, Alemania, Francia, Suiza e Italia, a la
cual se sumaron el representante de Japón y algunos
de los países nórdicos (147). Salvo algunas frases
poco afortunadas y nacidas de la misma dinámica de
la Consulta, hemos de reconocer que los argumentos
esbozados por dichos expertos concitaron un debate
de verdadera significación para la Historia, por el
contenido mismo de sus revelaciones. Durante el
desarrollo de la Consulta afloraron las razones y
sinrazones de quienes, diciéndose no totalmente
convencidos de la juridicidad del proyecto de
Declaración, hicieron manifiesto, antes bien, un
arraigo creciente del credo neoliberal y del
neorrealismo político en los escenarios de dirección
de los países aludidos (148).

[104] La principal reserva sobre el proyecto,
esgrimida por Finlandia, atacó lo fundamental y
común a las dos versiones de la Declaración de Oslo
— la original y el Proyecto Mayor —: El concepto de
derecho humano a la paz. Para el experto finés, si

fácil puede resultar la proclamación del aludido derecho, no existe consenso posible sobre su contenido; por lo cual prefería hablar de aspiración a la paz y no de derecho. El experto francés, quien a la sazón fuera corredactor del Proyecto de Pacto de Derechos de la Tercera Generación (149), para sorpresa de todos reconvino sobre los riesgos que — en su juicio — aparejaba una declaración sobre el derecho humano a la paz, por capaz para debilitar y trivializar la aplicación de los derechos humanos existentes y por tratarse de una noción carente de tal contextura en la Carta de San Francisco. El representante de Italia, en su honesta búsqueda de una fórmula de avenimiento, insistió con firmeza en el carácter ético de la paz, lo cual impedía derivar de ella alguna categoría jurídico formal; tanto más cuanto que, según su opinión, el derecho común alude a las personas morales en oposición al individuo y a sus derechos personales. Quizá intentó decir, para no decirlo, que, en apego al credo natural clásico superado por las circunstancias de la globalización, la moral social deja de existir y regresa a ser, como lo es en la moral kantiana, moral íntima e individual.

[105] Las alegaciones más extremas de cuestionamiento al objeto de la Consulta de París se situaron en la óptica de quienes denunciaron la incompetencia de la UNESCO para el abordaje de tareas "normativas" (150), menos aún en el campo de la paz. En el decir de los defensores de esta tesis, correspondería a las Naciones Unidas, a su Asamblea General y al Consejo de Seguridad, el manejo de este

sector del ordenamiento jurídico internacional, así como el establecimiento de las nuevas categorías de derechos humanos que puedan sumarse a los ya reconocidos y garantizados. En este orden, Austria, Suecia y Canadá recordaron que la UNESCO apenas debía ocuparse de tareas de difusión en el ámbito de la educación y la cultura de los derechos humanos.

[106] El experto gubernamental japonés, luego de sostener que la paz y los derechos humanos no son conceptos interdependientes, advirtió a sus colegas de la Consulta sobre las graves implicaciones internacionales de la propuesta en consideración; siendo que, como lo había comentado el representante suizo, los individuos mal pueden garantizar lo que es tarea exclusiva de los Estados. Paradójicamente, en pregunta autorizada que se hace Karel Vasak, "*¿Le Préambule de la Constitution japonaise de 1946 n'évoque-t-il pas, en effet, explicitement <<le droit de vivre en paix>>, droit mis en ouvre par le fameux article 9 de la Constitution par lequel le Japon renonce pour toujours à toute guerre et même à tout forme d'armement, quel qu'il soit ?*" (150ª).

[107] El experto de Alemania, cuyo liderazgo en el seno de los expertos eurooccidentales se hizo sentir durante el curso de la Consulta de París, fue preciso en sus alegatos de fondo. Enunció seis principios fundamentales que, a su entender, no podrían ser abandonados en la evaluación crítica del proyecto de declaración en estudio: Primero, el grado de coherencia que ésta debería tener con la Carta de

Naciones Unidas y la Declaración Universal de 1948, a cuyo tenor el reconocimiento de los derechos inalienables y la dignidad inherente todos los miembros de la familia humana es el que fundamenta a la paz; segundo, la indispensable compatibilidad con lo dispuesto en la Declaración de Viena de 1993, que si bien reafirmó el derecho al desarrollo no hizo lo mismo en cuanto al así llamado derecho a la paz, contenido en las Declaraciones de 1978 y 1984; tercero, la distinción necesaria entre la tarea de promoción de los derechos humanos reconocidos y la incorporación de algún nuevo derecho, sobre todo si carece, como el derecho a la paz, de asidero en el derecho y la jurisdicción internacionales vigentes; cuarto, la completa concertación e integración del proyecto con el sistema de Naciones Unidas, que al adoptar la Cultura de Paz asignó su realización a todos sus órganos dentro de sus respectivas competencias, correspondiéndole a la Asamblea General adoptar la Declaración que servirá de fundamento al programa de Cultura de Paz; quinto, su consistencia con los procedimientos establecidos por la misma UNESCO, que al no haber adoptado su 29° Conferencia General el proyecto de Declaración sobre el Derecho Humano a la Paz y, habiendo sobrevenido el mandato de la Asamblea General de Naciones Unidas en cuanto a que se le presente una Declaración fundamentando la Cultura de Paz, mal podría aquella pronunciarse aisladamente sobre ésta; y, sexto: el reconocimiento del principio del consenso, que se abrió campo en el ámbito de los derechos humanos luego de la Conferencia de Viena de 1993.

[108] A manera de corolario y en un intento para formalizar su divergencia sostenida con el propósito de la Consulta, virtualmente finalizada ésta con un consenso crítico, el Reino Unido, en defecto de este logro de contenido parcial consignó un proyecto alternativo de Declaración que, repitiendo los demás considerandos y normas dispositivas del Proyecto Mayor, elimina de él toda referencia al derecho humano a la paz. En el se dice que, al efecto, *"The aspiration of every human being to peace and respect for human rights constitute foundations of the culture of peace"* (151).

[109] El texto del consenso alcanzado por la Consulta Internacional de París, en verdad, no alcanzó a despejar la pregonada antítesis entre la tendencia que reconoce a la paz como derecho inherente a la dignidad de la persona humana y la que le atribuye el carácter de mera aspiración, realizable dentro de un orden de seguridad cuyo mantenimiento correspondería a los Estados y a la comunidad internacional organizada. Sin embargo, de manera oblicua el consenso citado reforzó, eso sí, la validez del Proyecto Mayor, descubriendo las motivaciones distintas y subyacentes de la oposición a su contenido y vigencia.

[110] El Comité de Redacción de la Consulta fijó un criterio tolerado a disgusto por los europeos occidentales, en lo particular por Alemania, Gran Bretaña, Francia e Italia, y nada satisfactorio pero aceptado a regañadientes por los defensores del

proyecto de Declaración sobre el derecho humano a la paz. El texto del corrigendum, emanado de la Consulta sin acuerdo sobre su título y faltándole la parte II (artículos 1 y 2) de sus dispositivos, sancionó lo siguiente: *"L'engagement en faveur de la paix est un principe général, dans l'esprit de l'article 38,1,c du Statut de la Cour Internationale de Justice, qui est inhérent à la personne humaine et qui constitue avec le respect de tous les droits de l'homme le fondament de la culture de la paix. Ce principe doit être reconnu, respecté et mis en oeuvre sans discrimination aucune, tant au plan interne qu'au plan international"* (152).

[111] El ilustre experto del Uruguay, Embajador Héctor Gros Espiell, corredactor junto a nosotros de la Declaración de Oslo, fue respetuoso y, en todo momento, firme favorecedor del consenso durante la Consulta Internacional. Pero, en legítima expresión del sentimiento mayoritario de los expertos gubernamentales entre quienes se contaba el autor de estas apuntaciones, no pudo obviar una emocionada y legítima protesta final que recogemos *in extensu* como testimonio de gratitud a este incansable forjador de la paz humana:

[112] "El Comité — apreció Gros — ha hecho el mayor esfuerzo para poder llegar a la elaboración de un texto, es decir, de un proyecto de Declaración. Ha obtenido, sobre la base de un difícil y frágil consenso, un resultado que hoy está sometido al plenario de la Reunión de Expertos Gubernamentales. Quiero rendir un homenaje al Relator y presidente del Comité de

Redacción, ..., que con devoción e inteligencia dirigió nuestros trabajos.... El Uruguay acompañó, con reticencias, en el Comité de Redacción, ese consenso... Pero no puede ocultar que hubiera preferido — y sigue prefiriendo — una Declaración que proclame el Derecho Humano a la Paz. Esta proclamación vendrá. El camino está abierto. No se puede ir contra la opinión pública internacional, ni contra el progreso moral y ético de la Humanidad. Así como nada pudieron los que se horrorizaban ante el sacrilegio de la Declaración de 1789, ni los que entre 1946 y 1948 trataron de evitar la Declaración Universal de 1948, ni los que pretendieron negar el carácter jurídico de los derechos económicos, sociales y culturales, ni los que se debatieron contra el derecho al desarrollo, nada podrán ahora esas mismas mentes, que no miran hacia el futuro, ... Me enorgullezco de la actitud progresista de América Latina. Nuestra América, sin complejos ni miedos, ha iluminado intelectualmente el debate y ha señalado el camino. La antorcha que ha esgrimido aclara una senda que, de manera ineludible y necesaria, conducirá en un futuro no lejano a la Declaración del derecho del ser humano a la paz, a la defensa activa de la paz integrada en la idea de Justicia y a la condena de todas las formas inmorales de fomento de la guerra..." (153).

[113] Sin perjuicio de lo anterior, el consenso demostró, a fin de cuentas y, según su propio texto, que "la paz es inherente a la persona humana"; de donde se sugiere y admite la existencia de una necesidad que, como tal, postula derechos y es

susceptible de descripción normativa. Tanto que, unos y otros expertos aceptaron que la misma, cuando menos, es un principio general de derecho y, por ello, fuente de obligaciones jurídicas a tenor de lo prescrito en el Estatuto de la Corte de La Haya y en las interpretaciones reiteradas de la doctrina internacional. Es también la paz, como principio de Derecho y según reza el consenso, "fundamento de la Cultura de Paz" y, en consecuencia, tal principio "debe ser reconocido, respetado y puesto en práctica". Siendo de esta manera, entonces, mal se puede como se hizo cuestionar el valor prescriptivo de la paz, que tampoco es incompatible con su esencia de aspiración o predicado moral. Además, su realización ha tener lugar, según lo dicho en el consenso, "tanto en el plano interno como en el internacional", con lo que también se conviene en que la ruptura de la paz puede tener lugar por causas endógenas y exógenas que no se circunscriben al ámbito de las relaciones entre los Estados; y ello es así, justamente, por ser la paz indivisible y, como se afirma al inicio del texto del consenso, "inherente a la persona humana" (154).

[114] En consecuencia, podría preguntarse cualquier analista avisado ¿por qué, siendo todo esto así, no se dijo o quiso decir en la Consulta lo que resulta, obviamente, de los postulados anteriores? ¿Por qué no se reconoció, expresamente, que *la paz es derecho humano*, si al fin y al cabo se la declaró como inherente a la persona humana y, además, fuente de derechos y de obligaciones jurídicas en su calidad de principio general de Derecho?

[115] A los expertos euroccidentales y los nórdicos les fue difícil diluir sus reservas manifiestas en cuanto a los probables efectos prácticos e internos, más que conceptuales, del pregonado derecho humano a la paz. Como derecho humano, en efecto, mal hubiesen podido desconocer su universalidad, integralidad, imperatividad y validez erga omnes, por ser estas características comunes a todos los derechos humanos y compatibles, además, con el movimiento constitucional que les inserta automáticamente desde lo internacional hacia el derecho interno de los Estados. La incapacidad de medir los efectos inmediatos del ejercicio individual del derecho humano a la paz (V.gr. la posibilidad de requerimientos de amparo por los objetores de conciencia, o la oposición y protesta personal de los ciudadanos al comercio sostenido y creciente de armamentos por parte de los Estados, etc.) fue, justamente, en nuestra percepción, el factor desencadenante de la resistencia ejercida por quienes negaron, durante la Consulta, todo apoyo a la moción contenida en el Proyecto Mayor.

X. LA ENMIENDA DE LA UNESCO

[116] Realizada como fue la Consulta Internacional, Federico Mayor informó de sus deliberaciones y recomendaciones al Consejo Ejecutivo de la UNESCO, en su centésima quincuagésima cuarta reunión; luego de lo cual éste decidió instruir al director general a proseguir la reflexión sobre el tema. En consecuencia, Mayor, previa evaluación del Proyecto de Declaración inconcluso preparado por la

Consulta Internacional de Expertos y vistas las observaciones producto del diálogo, así como la portada de los puntos críticos en la discusión, acometió la delicada tarea de reelaborar este documento y enviarlo, para su consideración, a los jefes de Estado y de Gobierno de los países miembros, con vistas a su posible debate durante la trigésima Conferencia General de 1999 (154a).

[117] En esencia, el nuevo *corrigendum* de Federico Mayor acoge el título que para el proyecto propusieron los europeos: Declaración sobre los derechos humanos, fundamento de la Cultura de Paz (154b). El argumento para la modificación propuesta no reclama de mayores comentarios dada su consistencia: "...presenta la ventaja de poner de manifiesto el vínculo histórico existente entre los derechos humanos, cuyo cincuentenario [se conmemoró] en 1998 celebrando su expresión más consumada, la Declaración Universal de Derecho Humanos, y la Cultura de Paz, que constituirá una preocupación esencial de la comunidad internacional a lo largo del año 2000..." (154c).

[118] En el plano de lo sustancial, el *corrigendum* al documento emanado de la Consulta, incorpora la referencia al derecho ético y moral a la paz en la parte final del considerando 19, cuando refiere a "la construcción de una Cultura de Paz basada en el respeto de todos los derechos humanos, así como en el derecho ético y moral a la paz". Lo mismo puede decirse de las modificaciones introducidas en los

numerales 2 y 4 de la parte I. En cuanto al numeral 2, se presenta una redacción sustitutiva de aquella que reconoce a la paz como principio general según lo previsto en el artículo 38 del Estatuto de la Corte Internacional de Justicia: "Los derechos humanos – dice la señalada versión del último *corrigendum* – así como el derecho ético y moral a la paz, son inherentes al ser humano y constituyen el fundamento de la Cultura de Paz. Deben ser reconocidos, respetados y aplicados sin discriminación alguna, tanto en el plano nacional como internacional". En el numeral 4 que le sigue, el texto de la Consulta, indicando que "el uso de la fuerza...*omissis*...y el desconocimiento de todos los derechos humanos son incompatibles con la paz...*omissis*...", fue modificado para dar paso a la proposición sobre el derecho ético y moral a la paz, en los siguientes términos: "El uso de la fuerza... *omissis* ... y el desconocimiento de derechos humanos, así como el derecho ético y moral de todo ser humano a la paz son incompatibles con la vida humana en paz...*omissis*..." (154d).

[119] Cabe, respecto del *corrigendum* a que nos referimos supra, un breve comentario. La afirmación de la paz como expresión de la moral y de la ética en modo alguno desdice la condición de la paz como derecho humano. Uno y otro plano, cuando menos en el ámbito de los derechos fundamentales de la persona, se refuerzan mutuamente; no son excluyentes y, menos todavía, pueden separarse, pues los derechos humanos, como tales y en cuanto tales, tienen un fundamento ético y valorativo: Son

posibles, justamente, a partir del reconocimiento de la dignidad de la persona humana. "Hablar de derechos humanos es hablar de exigencias éticas y de derechos que los seres humanos tienen por el solo hecho de ser personas (*Omissis*).[L]os valores y las exigencias éticas — lo dicen así Madrazo y Beller — gravitan en torno a la idea de dignidad humana, [que es] básica y condición sine qua non para la comprensión de la esencia de los derechos humanos....[Es ella, en suma,] ...un mandato ético y jurídico del cual se derivan distintos valores que tutelan inicialmente los derechos humanos" (154e).

[120] El citado *corrigendum* del director general de la UNESCO, preparado luego del informe que éste presentara al Consejo Ejecutivo de la Organización rindiéndole cuenta de las actividades de la Consulta Internacional de París ha sido enviado para su consideración a los jefes de Estado y de Gobierno de los países miembros con vistas a su posible debate y adopción durante la trigésima Conferencia General de 1999 (154f).

XI. REPLICA SOBRE EL DERECHO HUMANO A LA PAZ

[121] Los perfiles a que se contraen estas breves páginas, de suyo contienen una respuesta más que sustancial al compendio de interrogantes y de criterios esbozados acerca del proyecto para la proclamación y el reconocimiento del derecho humano a la paz. La misma no atenúa, lamentablemente, aquellas preocu-

paciones implícitas (¿?) o reservadas que se alimentan de la idea hobbesiana *del estado de naturaleza*. Si algunos elementos de juicio, por vía repetitiva, valen a manera de réplica personal, son los siguientes:

a) La paz es uno de los *valores esenciales* en que se soporta el sistema internacional nacido de la última posguerra. Podría argumentarse que ella, la paz, en tanto que valor ordenador, sirve como concepto o idea para la interpretación teleológica de la dimensión normativa y de los derechos consagrados o descritos por ésta y que, como tal valor, es valor, pero no derecho. La fuerza normativa de los valores ha dividido a buena parte de la doctrina jurídica interna e internacional de los Estados. Sin embargo, la propuesta de Declaración in comento se sitúa en un plano que debería excluir cualquier controversia con relación a lo anterior. Desde cuando la Declaración Universal de 1948 dispuso el derecho de todo ser humano a un orden social e internacional (léase un orden de paz, justicia y libertad) en el que los derechos proclamados se hagan plenamente efectivos, la paz, como valor del ordenamiento y como expresión del mismo orden, devino per se en el derecho humano <<integrador>> de los demás derechos. Es, por tanto, una categoría con fuerza normativa propia, capaz de cristalizar derechos (humanos) e imponer obligaciones cuyos destinatarios son, inevitablemente, los mismos a quienes se dirigen los Pactos Internacionales de 1966.

b) Los derechos humanos son interdependientes y así lo establece de manera categórica la referida

Declaración de Viena adoptada por la Conferencia Mundial de Derechos Humanos de 1993 (155). No se pueden yuxtaponer o interpretar separadamente unos derechos de los otros. Unos y otros se necesitan, se complementan en reciprocidad. Y, dado el criterio interpretativo de la progresividad aceptado por la mencionada Conferencia intergubernamental, el sistema de derechos humanos no tiene carácter estanco. Es previsible y no cuestionable, de esta manera, el nacimiento de nuevos derechos que se agregan a los anteriores – como aconteció en su oportunidad con el derecho al desarrollo – y que al sumarse a los precedentes les refuerzan y actualizan en su sentido y finalidad. El desarrollo no puede separarse de la paz como aspiración y como derecho, de la misma manera que los derechos políticos mal se podrían conquistar y desarrollar en un "orden" signado por la violencia.

c) Finalmente, en cuanto a la tesis clásica que asegura como tareas propias de los Estados las relacionadas con la paz, es pertinente repetir con Boutros-Galli que una cosa es el mantenimiento de la paz, otra la prevención de la violencia y diferente cuanto exigente la consolidación de la paz (156). Además, es un hecho, de cara a los cometidos sociales emergentes de la mundialización, el fortalecimiento de la subjetividad jurídica del individuo en el ámbito de los derechos y de las obligaciones, en especial las internacionales. Piénsese, apenas, en las iniciativas convalidadas por el propio mundo euro-occidental y norteamericano conducentes al establecimiento de los Tribunales Internacionales para la ex Yugoslavia y Ruanda (157), o también en la convocatoria de la

Conferencia Diplomática que tendrá a su cargo el establecimiento de una Corte Penal Internacional (158), con vistas al juzgamiento, de acuerdo con las normas del derecho internacional, de los individuos comprometidos en actos de agresión o la comisión – entre otros – de crímenes contra la Humanidad. La ruptura de la paz, en suma, los transforma en sujetos pasivos de la acción jurisdiccional de los Estados. La lucha por la paz, ¿acaso no reclama, a favor de los mismos individuos, la posibilidad de que tengan derecho al estadio que les prevenga en cuanto a la comisión de los crímenes por los cuales se les puede juzgar internacionalmente? A fin de cuentas, la obligación de comportamiento fraternal de "los unos con los otros", prevista en el primer artículo de la Declaración Universal de los Derechos Humanos, se le impone directamente a "todos los seres humanos" [...] libres e iguales en dignidad y derechos y, dotados como están de razón y conciencia.

XII. LAS AMÉRICAS Y EL DERECHO A LA PAZ: REAFIRMACIÓN DE CARACAS

[122] El derecho humano a la paz, cuyos perfiles ideológicos y normativos hemos reseñado hasta aquí, no es una neta aspiración moral o intelectual, supuestamente vacía de contenido. La paz, por inherente a la persona humana, es, indudablemente, norma de rango moral, y, a propósito de la iniciativa adoptada por la UNESCO, fundamento ético necesario de la Cultura de Paz. Pero, como tal derecho humano, es derecho y también avanza hacia

su positivación y a la conquista progresiva de su eficacia plena. La Carta Africana de Derechos Humanos, en su artículo 23 ya postula que "1. *Los pueblos tienen el derecho a la paz (Omissis) tanto en el plano nacional como internacional*". La Constitución española, en diversas disposiciones, hace de la Paz uno de sus valores esenciales. La Constitución de Colombia, quizá la más actual de sus equivalentes y a la cual hicimos mención supra, señala en el artículo 22 del capítulo sobre los Derechos Fundamentales que "*la Paz es un derecho y un deber de obligatorio cumplimiento*" (Cursivas nuestras).

[123] La proclamación de paz, en resumen, expresa un *desideratum* de la más viva actualidad. Su reclamo crece en la misma medida en que la orfandad moral del hombre adquiere severas dimensiones, en proporción a las carencias igualmente demenciales que provoca la 'uniformidad' de la globalización. Las Declaraciones de Mabako y de Maputo (159), ambas adoptadas en el curso del pasado año por los pueblos africanos, son un claro testimonio de esta tendencia ineluctable: "El derecho del ser humano a la paz es un derecho fundamental sin el cual es ilusorio el respeto de los derechos humanos" (160); "[el] derecho de los seres humanos a la paz es un derecho inalienable, sin el cual no se puede garantizar el respeto de ningún otro derecho" (161); dicen los dispositivos de los mencionados textos.

[124] De cara al movimiento indetenible de la historia y en vísperas de otro milenio de la Cristiandad, la comunidad internacional americana vuelve a ser anticipadora de los desafíos universales (162). En el preámbulo de la *Reafirmación de Caracas*, declaración final de la Vigésimo Octava Asamblea General de la OEA celebrada el pasado mes de junio, las Américas se manifestaron expresamente *"conscientes de que el afianzamiento de la democracia, la paz y el pleno goce de los derechos humanos son aspectos centrales de la agenda hemisférica y constituyen fines fundamentales de la Organización"*. Proclamaron, asimismo, *"que los ideales de paz, justicia social, desarrollo integral y solidaridad son retos permanentes para nuestras democracias"*. Por lo mismo, en ocasión de conmemorarse el quincuagésimo aniversario de la Declaración Americana de los Derechos y Deberes del Hombre, los Estados miembros de la Organización de los Estados Americanos asumieron solemnemente *"el compromiso de afirmar la profundización de una Cultura de Paz, desarrollo y no violencia, reconociendo el derecho a la paz como inalienable e inherente a la dignidad de la persona humana"* [Cursivas nuestras] (163).

NOTAS

(*) Este ensayo es una versión corregida y actualizada (París, 22 de octubre de 2000) del original publicado en la obra de la UNESCO: *Boutros Boutros-Ghali, Amicorum Discipulorumque Liber: Paix, développement, démocratie*, II, Bruxelles, Editorial Bruylant, 1998; en el *Liber Amicorum Héctor Fix-Zamudio*, I, San José de Costa Rica, Secretaría de la Corte Interamericana de Derechos Humanos, 1998; y, más luego, en la *Revista de la Facultad de Ciencias Jurídicas y Políticas*, 110, Caracas, Universidad Central de Venezuela, 1998

1. Resolución de la Conferencia General 29C/43 aprobada por la vigésimo séptima sesión plenaria, el 12 de noviembre de 1997

2. Las observaciones de los jefes de Estado y de Gobierno enviadas a la UNESCO, antes de celebrarse la 29° Conferencia General, dieron lugar al corrigendum del Director General. Véase, al respecto: Consulta Internacional de Expertos sobre el Derecho Humano a la Paz. París. UNESCO. Documento de trabajo SHS-98/Conf.201/3 del 16 de febrero de 1998

3. *Cfr.* Rapport du Directeur General sur le Droit de l´être humain a la paix. Paris. UNESCO (Doc. 29 C/59 de 29 octobre 1997). Annexe II. Asimismo, Comunicación del director general de la UNESCO CL/3479 del 23 de febrero de 1998 (Anexo I)

4. Antonio Enrique Pérez Luño. *Derechos humanos, Estado de Derecho y Constitución*. Madrid. Tecnos, 1995

5. Ídem, p. 501

6. El Proyecto Transdisciplinario "Hacia una Cultura de Paz" fue adoptado por la vigésimo octava Conferencia General de la UNESCO, en 1995. Posteriormente, la Asamblea General de la ONU lo hizo suyo, al declararlo compatible con el Plan de Acción para el Decenio de las Naciones Unidas para la Educación en la esfera de los derechos humanos (Resolución 50/173 del 22 de diciembre de 1995)

7. *Vid.* Diego Uribe Vargas. "El derecho a la paz". En la obra colectiva *Derecho internacional y derechos humanos*, editada por Daniel Bardonnet y A.A. Cançado Trindade. San José/La Haye. Instituto Interamericano de Derechos Humanos/ Académie de Droit International de La Haye, 1996, pp. 177-195. El anteproyecto de Pacto mencionado, en algunos de sus artículos pertinentes, reza como sigue: Artículo 1. Todo hombre y todos los hombres tomados colectivamente tienen derecho a la paz, tanto en el plano nacional como en el plano internacional. Artículo 2. El derecho a la paz implica el derecho para todo hombre, sin discriminación alguna: i) De oponerse a toda guerra (Omissis); ii) Demandar y obtener, (Omissis) el estatuto de objetor de conciencia; iii) De negarse a ejecutar durante el conflicto armado una orden injusta que viole las leyes de Humanidad; iv) De luchar contra toda propaganda a favor de la guerra; v) Y de obtener asilo cuando la solicitud esté justificada por la persecución por actividades ligadas a la lucha por la paz y contra la guerra... (Omissis)"(*Cfr. op.cit.*, pp. 184-185). En este orden, para el estudio de las fuentes doctrinales del derecho humano a la paz, téngase presente el proyecto de Declaración Universal de los Derechos Humanos de

las Generaciones Futuras, adoptado en La Laguna (Canarias, España) el 26 de febrero de 1994, cuyo artículo 11 prescribe el derecho de "les personnes appartenant aux générations futures ... d'être épargnées du fléau de la guerre"

8. Artículo 1,1

9. Federico Mayor. *El derecho humano a la paz. Declaración del director general.* París. UNESCO, 1997.

10. Idem, pp. 11-12

11. Consúltese, entre otras obras, a Juan Carlos Puig. *Derecho de la comunidad internacional* (I). Buenos Aires. Depalma, 1975, pp.41 ss.

12. Arthur Nussbaum. *Historia del derecho internacional.* Madrid. Editorial Revista de Derecho Privado, 1949, pp. 57 ss. y 121 ss.

13. René Coste. *Moral internacional.* Barcelona. Herder, 1967

14. Valentín Tomberg. *La problemática del derecho internacional a través de la historia.* Barcelona. Bosch, 1961, p.76

15. Michael Howard. *La guerra en la historia europea.* México. FCE/Breviarios, 1983, p. 13

16. Apud. Maxime Lefebvre. *Le jeu du droit et de la puissance.* Paris. PUF, 1997, p. 14. Para una mayor información, vid. Karl von Clausewitz. De la guerra. Buenos Aires. Need, 1987, passim

17. Según Johan Galdtung, ella explica la tendencia —originada en los conceptos grecorromanos de Eirene y Pax— de definir "la paz como la unidad interior

contra una amenaza exterior, de lo que se deduce que la amenaza exterior fomenta la unidad interior, de la unidad política o Estado, se entiende. Surge así, [entonces] la idea de <<nosotros contra ellos>>, que es la razón de la fuerza armada". *Cfr.* Celestino Del Arenal. "Paz y derechos humanos". En la *Revista del IIDH*, n° 5. San José, C.R., p. 8. Asimismo, vid. Michael Delon (Directeur). Dictionnaire européen des Lumières (Voix: Guerre, paix). Paris. PUF, 1997, p. 527

18. Fue éste, justamente, el objeto de las convenciones adoptadas durante las Conferencias de Paz de La Haya, en 1899 y 1907, y, asimismo, hace relación, en lo contemporáneo, con el denominado Derecho humanitario de Ginebra (1949/1977). En cuanto a las Conferencias de La Haya, consúltese a Nussbaum, *op.cit.*, pp. 264 ss.

19. Lefebvre, op. cit., pp. 135 ss. Acerca del pacifismo jurídico o de derecho, vid. Raymond Aron. *Paz y guerra entre las naciones* (II). Madrid. Alianza Editorial, 1985, p. 836

20. Al respecto, véase a Miguel Benzo Mestre. *Teología para universitarios.* Madrid. Ediciones Guadarrama, 1963, pp. 57 y 99

21. Sobre las tesis diversas (realistas, liberales, neorrealistas, solidaristas, etc.) que explican o interpretan la dinámica de las relaciones internacionales, léanse a Lefebvre, *op.cit.*, pp. 16 ss.; Esther Barbé. *Relaciones internacionales.* Madrid. Tecnos, 1995, pp. 56 ss. Sobre las modalidades de <<pacifismo>> explicadas por Max Scheler, en 1927, véase a Aron, *op.cit.*, pp. 836-837. De la misma manera, Vernon Bogdanor (Ed.). *Enciclopedia de las instituciones políticas.* Madrid. Alianza Editorial, 1987, p. 505

22. La tesis totalizante del humanismo integral, magistralmente expuesta por dicho autor, corresponde a Maritain y predica la relación activa de la persona con cada una de las partes que, junto a ella, se resumen en la idea de la Humanidad totalizante. Veánse, de Asdrúbal Aguiar: *La protección internacional de los derechos del hombre*. Caracas. Academia de Ciencias Políticas y Sociales, 1987, p. 88; "Derechos humanos y humanismo cristiano". *Separata de Nuevo Mundo, Revista de Estudios Latinoamericanos*. Caracas. Universidad Simón Bolívar/Instituto de Altos Estudios de América Latina, 1990, nota 13

23. Xavier Moreno Lara. *Las religiones orientales*. Bilbao. Mensajero, 1980, p. 9

24. "El dharma se cumple inexorablemente a todos los niveles y de su acomodación a él [a través del conocimiento] individuo y sociedad recibirán la felicidad y la salvación. O lo contrario en caso de perturbación...El dharma es la estructura fundamental dentro del devenir cósmico". Idem., pp. 31 ss.

25. Del Arenal, *op.cit.*, p. 7

26. Luis Feliz de Beaujour. *Teoría de los gobiernos*. París. Imprenta de Bruneau, 1839, tomo primero, p. 7

27. Edgar Bodenheimer. *Teoría del Derecho*. México. FCE, 1942, pp. 150-155 (¿?)

28. Loc.cit. También, Hernando Valencia Villa. *Derechos humanos*. Madrid. Acento Editorial, 1997, p. 40

29. Idem. Asímismo, Delon, *op.cit.*, p. 529

30. La expresión se debe a Kant, apud. Delon, *op.cit.*, p. 528

31. Idem, p. 527

32. Ibidem, p. 528. Igualmente, vid. Beaujour, op.cit., tomo segundo, pp. 417 ss. "La sujeción del hombre y sus pasiones á sus deberes –dice este último autor— ó la paz del corazón, deben, pues, ser el fin de la moral y, como la política no es sino el complemento de ésta debe la política interior tener por objeto la paz entre los individuos, y la exterior (sic) la paz entre las naciones, á fin de que exista en cada uno y en todos los estados una paz perpetua..." (Idem, p. 427)

33. Delon, *op.cit.*, p. 528

34. Cathequisme, *op.cit.*, p. 446

35. Coste, *op.cit.,* p. 441

36. *Loc.cit.*

37. Lefebvre, *op.cit.*, p. 20

38. Loc.cit. De la misma manera, Aron, *op.cit.*, pp. 835 ss.

39. Octavio Paz. *Pequeña crónica de grandes días.* México. FCE, 1990, p. 92

40. Jesús Iribarren y J.L. Gutiérrez (editores). *Ocho grandes mensajes* (en lo particular *Pacem in terris*). Madrid. BAC, 1981, pp. 201 ss.; Pedro Jesús Lasanta. *Diccionario social y moral de Juan Pablo II.* Madrid. Edibesa/Documentos 2, 1995, pp. 477-499

41. Juan Pablo II. *Encíclicas de Juan Pablo II.* Madrid. Edibesa/Documentos 1, 1995, p. 62

42. Luis A. Ortiz-Álvarez y Jacqueline Lejarza A. (Comp.) *Constituciones Latinoamericanas*. Caracas. Academia de Ciencias Políticas y Sociales, 1997, passim

43. Artículo 99, numeral 15°

44. Artículo 168, numeral 16°

45. Artículo 190, numeral 7°

46. Artículo 140, numeral 16°

47. Artículo 22

48. Tomas Hobbes (1588-1679). Apud. Bodenheimer, *op.cit.*, p. 157

49. John Locke. Ensayo sobre el gobierno civil. Barcelona. Aguilar, 1990, p. 25. Para Locke, sin embargo, a diferencia de Hobbes, el estado de naturaleza es de igualdad, regido por un Derecho natural que enseña al hombre "que...nadie debía perjudicar a otro en su vida". Reconoce, sin embargo, que tal estado "era inseguro y estaba constantemente expuesto a las invasiones de los demás". *Cfr.* Bondenheimer, *op.cit.*, pp. 169 ss.

50. *Vid.* numeral 1 de dicho artículo y el texto integral del Pacto, de 28 de abril de 1919, en Rubens Ferreira de Melo. *Textos de direito internacional e de história diplomática de 1815 a 1949*. Rio de Janeiro. Coelho Branco, 1950, p. 237

51. Hans Kelsen. *Derecho y paz en las relaciones internacionales*. México. FCE, 1986, passim. También, Juan Carlos Puig. *Derecho de la comunidad internacional* (I). Buenos Aires. Depalma, 1975, pp. 17 ss.

52. Dominique Méda, El trabajo: *Un valor en extinción*. Barcelona. Gedisa, 1998, passim; Ralph Linton. *Estudio del hombre*. México. FCE, 1942, pp. 232 ss.

53. Artículos 1,1; 2,7; 11 y Capítulos V y VII, etc.

54. Artículo 55

55. Preámbulo de la Carta de las Naciones Unidas, hecha en San Francisco, el 26 de junio de 1945

56. Asdrúbal Aguiar. *Derechos humanos y responsabilidad internacional del Estado*. Caracas. Monte Ávila Editores Latinoamericana/Universidad Católica Andrés Bello, 1997, passim

57. Primer considerando del preámbulo

58. Párrafo tercero del preámbulo

59. Artículo 1,2 in fine

60. Resolución 290(IV) del 1° de diciembre de 1949, adoptada en la 261ª. Sesión plenaria

61. Numerales 6 y 7

62. En cuanto a los alcances y el contenido de los debates sobre la Resolución 290 (IV), véase, in extensu, Yearbook of the United Nations, 1949 (O. Essentials of Peace), pp. 336 ss.

63. *Loc.cit.*

64. Declaración 290 (IV), *cit.*, numeral 9

65. Id., numeral 3

66. Idem, numeral 8

67. Ibidem, numeral 6

68. Boutros Boutros-Galli. *Agenda pour la paix.* New York. Nations Unies., 1992, parrs. 5 y 57

69. A ella se refiere Raymond Aron. *Paix et guerre entre les nations.* Paris. Calman-Lévy, 1962, pp. 159 ss., apud. Pérez Luño, *op.cit.*, p. 506

70. Resolución 51/101 adoptada en la 82ª sesión plenaria

71. Idem, numeral 3

72. Resolución 50/173 del 22 de diciembre de 1995

73. Alain Minc. *La mondialisation heureuse.* France. PLON, 1997, p. 163

74. Méda, *op.cit.*, p. 207. Téngase presente, a manera de aclaratoria de lo dicho, que la referencia al fenómeno estamental y disolvente de lo social que privó durante el Medioevo y el cual dio paso al fenómeno del Estado Nación durante la modernidad, en modo alguno olvida el valor inestimable ejercido por la cultura cristiana como factor de integración y de universalización social en la época. Esta materia, ciertamente, requeriría de un análisis detenido que escapa a los límites de estas apuntaciones. Sin embargo, consúltese a Christopher Dawson. Historia de la cultura cristiana. México. FCE, 1997, passim

75. *Vid.* Pacem in terris, en Iribarren y Gutiérrez, *op.cit.*, 219-221. Adicionalmente, Catéchisme de L'Église Catholique. Manchecourt. Mame/Plon, 1992, p. 574

76. Méda, *op.cit.*, p.21

77. Rafael Tomás Caldera. Visión del hombre: La enseñanza de Juan Pablo II. Caracas. Centauro, 1995, p. 99

78. Viktor Frankl. El hombre en busca de sentido. Barcelona. Herder, 1996, p. 107

79. X. Léon-Dufour. Vocabulario de teología bíblica. Barcelona. Herder, 1966, pp. 582 ss., apud. Coste, *op.cit.,* p. 439

80. Maritain, s/r

81. Catéchisme..., *op.cit.,* p. 454

82. Asdrúbal Aguiar. *El nuevo orden mundial y las tendencias direccionales del presente.* Caracas. El Centauro, 1997, pp. 61 ss.

83. Manuel Fraga Iribarne. *ABC.* Madrid, 16 de abril de 1991

84. Aguiar, *El nuevo orden...,* op.cit., p. 74

85. Es éste "...le défi majeur, en cette fin de XXe. Siecle", como lo expresa la Resolución 28C/0.12 de la UNESCO del 13 de noviembre de 1995 (Stratégie à moyen terme pour 1996-2001). En este mismo orden, Mayor, *op.cit.,* p. 6

86. Idem, pp. 11-12

87. Ibidem, pp. 5 y 12

87ª Es lo que sugiere, *mutatis mutandi,* el escrito de Adrían Nastase, aun cuando no aclara su visión del derecho a la vida, que para nosotros es algo más que vida física o biológica. *Vid.* del autor "Le droit a la paix", en *Droit international*: Bilan et perspectives de Mohammed Bedjaoui (Rédacteur général), Paris, Pedone/UNESCO, 1991, tome 2, p. 1291

88. *Cfr.* supra, nota 6

89. Mayor, *op.cit.,* p. 6

90. Idem, p. 5

91. Uribe Vargas, *op.cit.*, p. 188. Además, del mismo autor, El derecho a la paz. Bogotá. Instituto para el Desarrollo de la Democracia/Universidad Nacional de Colombia, 1996, passim

91a. Harold J. Berman, *La formación de la tradición jurídica de occidente*, México, FCE, 1996, pp. 70-71

92. Catéchisme..., *op.cit.*, pp. 573-574

93. Jorge Iván Hübner Gallo. Los derechos humanos. Santiago. Editorial Jurídica de Chile, 1994, p. 83

94. *Loc.cit.*

95. *Cfr.* Gaudium et Spes, en la obra de Iribarren y Gutiérrez, *Ocho mensajes*..., op.cit., p. 399

96. Pérez Luño, *op.cit.*, p. 502

97. Artículo 1 de la Carta de San Francisco; asimismo, Essentials of Peace (Resolución 290/IV), cit.

98. Artículo 28 de la Declaración Universal de Derechos Humanos

99. Preámbulo de la Declaración de las Naciones Unidas sobre el fomento entre la juventud de los ideales de paz, respeto mutuo y comprensión entre los pueblos (Resolución AG/2037-XX del 7 de diciembre de 1965)

100. Artículo 13 del Pacto Internacional de Derechos Económicos, Sociales y Culturales

101. Declaración de las Naciones Unidas sobre el fortalecimiento de la seguridad internacional (Resolución AG/2734-XXV del 16 de diciembre de 1970)

102. Resolución AG/3314-XXIX (Definición de agresión) del 14 de diciembre de 1974

103. Declaración de las Naciones Unidas sobre la afirmación y consolidación de la distensión internacional (Resolución AG/32/155 del 19 de diciembre de 1977; Documento final del Décimo Período Extraordinario de Sesiones de la Asamblea General de NN.UU. (Resolución 5-10/2 del 30 de junio de 1978), párr.1

104. Declaración de las Naciones Unidas sobre la preparación de las sociedades para vivir en paz (Resolución AG/33/73 del 15 de diciembre de 1978), I,1

105. Declaración de las Naciones Unidas sobre el Derecho de los pueblos a la paz (Resolución AG/39/11 del 11 de noviembre de 1984)

106 Preámbulo de la Declaración de las Naciones Unidas sobre el Derecho al desarrollo (Resolución AG/41/128 del 4 de diciembre de 1986)

107. Decenio de las Naciones Unidas para la educación en la esfera de los derechos humanos: Hacia una Cultura de Paz (Resolución AG/50/173 del 22 de diciembre de 1995)

108 Resolución AG/52/13 del 15 de enero de 1998 (Cultura de Paz), cit.

108ª Véase, al respecto, los comentarios de Nastase, op.cit. supra, nota de pié de p. 72a

109. Cit. supra nota 96 (Preámbulo y principio I)

109ª Por su parte, la Convención de Naciones Unidas sobre los Derechos del Niño (1990), al referirse a la educación de los niños en su artículo 29, numeral 1, literal d) y señalar sus finalidades dice: "Preparar al niño para asumir una vida responsable en una sociedad libre, con espíritu de comprensión, paz, tolerancia, igualdad de sexos y amistad entre todos los pueblos, grupos étnicos, nacionales o religiosos y personas de origen indígena".

[110]. Cit. supra nota 101 (I, 1)

[111]. *Loc.cit.*

[112] Idem, passim

[113]. *Loc.cit.*

[113a] Sobre esta materia nos referimos, de manera amplia, en nuestro escrito sobre "El derecho humano a la información veraz", publicado en nuestro título Lecciones sobre derechos humanos, paz y democracia, Caracas, Museo Jacobo Borges, 1997, pp. 53 y ss.

[114]. *Cit.* supra, nota 105

[115]. Idem, Preámbulo y numeral 3

[116]. Ibidem, numeral 3

[117]. Sobre la relación del derecho de los pueblos con los derechos humanos, v. Alain Papaux et Eric Wiler. L'Étique du droit international. Paris. PUF (Que sais-je?), 1997, pp. 59-60

[117a] Nastase, *op.cit.*, p. 1999

[117b] Idem, p. 1300

[117c] *Loc.cit.*

[118]. *Cfr.* Rapport du Directeur General sur le droit... (29C/59), op.cit., anexo I

[119] *Loc.cit.*

120. De dicho autor, "Introducción al Derecho de la paz". En Diálogo, publicación trimestral de la UNESCO, n° 21, junio 1997, p. 7

121. Rapport...(29C/59), cit., annexe II

122. Comunicación del director general..., cit., anexo I

123. *Loc.cit.*

124. Rapport... (29C/59), cit., annexe II, Numeral 6 del Preámbulo de la Declaración de Oslo; Comunicación..., cit., anexo I, numeral 7 del Preámbulo del Proyecto Mayor

125. Informe... (29 C/59), cit., anexo I, 2

126. Idem, anexo II, II,2

127. Kelsen, *op.cit.*, pp. 34 y 51. Del mismo autor, Teoría general del Derecho y del Estado. México. Imprenta Universitaria, 1958, p. 25

128. Supra, nota 126, numerales 8 y 9 del Preámbulo

129. Id., Artículo 1,a; Comunicación...cit., Proyecto Mayor, I, 3

130. Rapport...(29C/59), cit., annexe II, I, article 1, a) et b)

131. Ib., I, art.2, b)

132. Idem, I, art.2, a)

133. *Loc.cit.*

134. Rapport...,*cit.*, annexe II, I, art.3, a); Comunicación...,cit., Proyecto..., I, 1

135. Discurso inaugural del director general de la UNESCO, Federico Mayor, en la Consulta Internacional de Expertos Gubernamentales sobre el Derecho Humano a la Paz. París, 5 de marzo de 1998

136. *Loc.cit.*

137. Comunicación..., cit., proyecto de Declaración, I, 2

138. Idem, II, 1

139. Ibidem, I, 4

140. Documento de trabajo SHS-98/Conf.201/3 de la Consulta..., cit., nota 1, supra

141. Rapport final (SHS-98/Conf.201/4 le 18 mars 1998). *Consultation Internationale d'Experts Gouvernementaux sur le Droit de l'etre humain a la paix.* Paris, 5-9 mars 1998

142. De suyo, olvidaban que "la sociedad no sólo [es] obra de los individuos, sino [que también] existe con el fin de permitirles perseguir en paz sus objetivos particulares". Acerca de esto y de las diferenciaciones......, vid. Méda, *op.cit.*, pp. 210 ss.

143. Memorándum de la reunión UNESCO/Luxemburgo, de 1° de agosto de 1997

144. Nota verbal del 5 de febrero de 1998

145. Comunicación del director (CL-3479) ..., cit., anexo I

146. Los comentarios y apreciaciones de los expertos gubernamentales que participaron en la Consulta no constan, de manera expresa y detallada, en los documentos oficiales de la UNESCO, excepción hecha del resumen de actividades contenido en la Relación Final de la Consulta (*Cit.* supra, nota 136). En consecuencia, las citas y menciones recogidas en el presente trabajo hacen parte de las apuntaciones de su autor, vertidas bajo su única y exclusiva responsabilidad. En modo alguno, por consiguiente, constituyen una posición oficial de los países o expertos mencionados.

147. A manera de antecedentes, ténganse presentes las reservas y correcciones introducidas por un grupo de países, en su mayoría miembros de la Unión Europea (Alemania, Austria, Bélgica, Dinamarca, España, Finlandia, Francia, Grecia, Irlanda, Italia, Luxemburgo, Países Bajos, Portugal, Reino Unido y Suecia), a los párrafos fundamentales de la Resolución 29C/43 cit. supra, nota 1, la cual fue presentada a la Conferencia General de la UNESCO con el voto afirmativo de noventa de sus Estados miembros

148. Sin perjuicio del significado teórico que le puedan atribuir los especialistas y la doctrina de las relaciones internacionales, llamamos neorrealismo, dentro del contexto de nuestra exposición, al señalado retorno hacia las políticas de poder en detrimento de los principios morales; dentro de una linea de evolución que parte, en un ángulo, desde los años '70 con el impeachment a Nixon y la llegada al poder de Carter, hasta el otro ángulo que se sitúa en el período internacional que abrió la Administración Reagan. Véase, en este sentido, Jean-Jacques Roche. *Théories des relations internationales*. Paris. Montchrestien, 1997, pp. 86 ss.

149. Supra, nota 7

150. Con independencia de las atribuciones normativas otorgadas en el ámbito de la paz mundial a la UNESCO por su Constitución (IV, b), no se olvide que la Conferencia General, en su Resolución 28C/0.12 (Stratégie à moyen terme pour 1996-2001) adoptada en la 18° sesión plenaria del 13 de noviembre de 1995, le ratificó que debe "en tant qu'organe normatif en favorisant l'adoption et l'applications de normes et instruments internationaux..." (*Cfr.* en la Res.cit., II,7)

[150a] *Vid.* Karel Vasak, "Trosieme génération des droits de l'homme", en Héctor Gros Espiell, *Amicorum Liber*, Bruxelles, Bruylant, 1997, volume 2, p.1650

[151] Ver comunicación de la Presidencia de la Unión Europea (Reino Unido) y anexo (I,2), dirigidos al Secretario de la "UNESCO International Consultation of Governmental Experts on Human Rights to Peace". Paris, 6 march 1998

[152.] Rapport final (SHS-98/Conf.201/4)..., cit., Annexes

[153.] Intervención en la sesión de clausura de la Consulta Internacional de Expertos Gubernamentales. París. UNESCO, 9 de marzo de 1998

[154.] Cf. párrafo supra, texto del corrigendum emanado de la Consulta

[154a] Cf. Informe del Director General sobre los resultados de la Consulta Internacional de Expertos Gubernamentales sobre el Derecho Humano a la Paz (Documento 154 EX/40), Paris, 17 de abril de 1998. Asimismo, oficio CL/3499 del Director General dirigido el 31 de julio de 1998 a los Jefes de Estado y de Gobierno

[154b] Oficio CL/3499, cit., documento adjunto 3

[154c] Idem, Documento adjunto 4, numeral 1

[154d] Documento adjunto 3, cit.

[154e] Jorge Madrazo y Walter Beller, "Los valores éticos y los derechos humanos", en la obra colectiva de Sergio García Ramírez (Coordinador), *Los valores en el derecho méxicano: Una aproximación*, México, FCE/Unam, 1997, pp. 241 y ss.

[154f] *Vid.* nota de pie de página 154ª

[155.] Declaración y Programa de Acción de Viena aprobados por la Conferencia Mundial de Derechos Humanos (A/Conf.157/24, de 25 de junio de 1993), párr.I,26. En la obra de Naciones Unidas. *Las Naciones Unidas y los derechos humanos 1945-1995*. Serie de Libros Azules, Vol. VII. Nueva York, 1995, p. 487

[156]. Boutros-Galli, *op.cit.*, párrs. 20-21

[157]. Lefebvre, *op.cit.*, pp. 128-129

[158]. Naciones Unidas. Informe de la Comisión de Derecho Internacional, sobre la labor realizada en su 48° período de sesiones (A/51/10). Nueva York, 1996, pp. 10 ss. Asimismo, Informe del Comité Preparatorio sobre el establecimiento de una Corte Penal Internacional. Conferencia Diplomática de Plenipotenciarios (A/Conf.183/2/Add.1). Roma, 14 de abril de 1998

[159] Rapport du Directeur..., cit., annexes III y IV

[160] Idem, anexxe III

[161] Ibidem, annexxe IV

[162] Antonio Remiro Brotons et al. *Derecho internacional*. Madrid. McGraw-Hill, 1997, p. 20

[163] Declaración "Reafirmación de Caracas", aprobada en la segunda sesión plenaria del Vigésimo Octavo Período Ordinario de Sesiones de la Asamblea General de la OEA (AG/DLC-16-XXVIII-0/98). Caracas, 1° de junio de 1998

LA PAZ,
UN DERECHO HUMANO:
SUS DESAFÍOS DE ACTUALIDAD

CONFERENCIA LEÍDA EL 27 DE OCTUBRE DE 2009
EN EL AUDITORIO
JULIO SOSA RODRÍGUEZ
DE LA UNIVERSIDAD METROPOLITANA,
EN SU 40° ANIVERSARIO, BAJO LOS AUSPICIOS DEL
INSTITUTO CULTURAL VENEZOLANO ISRAELÍ

Señor Rector de la Universidad Metropolitana,
Señor Presidente del Instituto Cultural Venezolano
Israelí,
Señores profesores y estudiantes,
Señoras, señores

Hago explícita mi gratitud a los miembros del Instituto Cultural Venezolano Israelí por la organización de este encuentro intelectual, que se propone actualizar el diálogo acerca de un tema agonal para el mundo, para la América Latina, en lo particular para Venezuela, el de la paz como derecho humano.

Dejo testimonio de mi reconocimiento y amistad a nuestros anfitriones, los Rectores Magníficos José Ignacio Moreno León y Freddy Malpica.

Por último, vaya mi saludo afectuoso y mi palabra de admiración a los primeros ciudadanos de esta poli universitaria metropolitana, sus estudiantes. En una hora de incomprensiones, de conciencias miopes que se recrean en el lamento y ahorran palabras como pasaportes para la supervivencia, ellos, junto a sus compañeros de las otras universidades, son los escultores acertados y corajudos de nuestro porvenir nacional.

Disertar acerca de la paz, a ojos de algunos de nuestros contemporáneos, puede sugerir ingenuidad y hasta representar una provocación innecesaria.

Desde la caída del socialismo real, cuando la comunidad de los Estados cede en sus seguridades, relaja sus formas de identidad social y política, lo que es peor, relativiza los valores comunes que fraguan en 1945 sobre la amarga experiencia del Holocausto, esta infausta tragedia hoy se nos muestra incapaz de rasgar con igual fuerza los corazones de las generaciones del presente.

¡Es como si la memoria de nuestra propia dignidad nos hace una mala jugada o acaso, como lo dice Miguel de Unamuno, somos presas del culto de actualidad, algo terrible para vida del espíritu!

I

En 1998, por mandato de la 29° Conferencia General de la UNESCO, se reúne en París una Consulta Internacional de Expertos Gubernamentales con el encargo de examinar el Proyecto de Declaración Universal sobre el Derecho Humano a la Paz. Allí, justamente, queda al desnudo, sin que lo entendamos en toda su dimensión, este tiempo de insensibilidad y de cinismo que arropa a parte importante del liderazgo de nuestros Estados. No es el privilegio de las izquierdas más retrógradas o de las dictaduras que todavía sobreviven, pues también toca a algunos gobernantes de naciones con arraigada tradición democrática.

El texto del Proyecto de Declaración, iniciativa del director general de la UNESCO, Federico Mayor Zaragoza, lo redacta en Oslo, en 1997, una mesa de juristas e intelectuales — entre quienes me cuento — procedentes de las distintas culturas del mundo. Hacemos buena las recomendaciones del encuentro previo realizado en Las Palmas de Gran Canaria, con apoyo de su gobierno y del Instituto Tricontinental de la Democracia Parlamentaria y los Derechos Humanos.

Para el delicado encargo tomamos nota cuidadosa de las múltiples invocaciones a la paz realizadas por la ONU desde su fundación hasta 1998. La comunidad internacional es teóricamente conteste acerca de la necesidad e importancia de la paz y de su sostenimiento, aun cuando la entienda, en su progresividad, de distintas maneras: como orden, como garantía e ideal, como objeto del derecho a la educación, como desiderátum de la seguridad internacional, como antípoda del crimen de agresión, como bien indivisible e inseparable de la seguridad, como derecho inmanente de toda nación y de todo ser humano, como aspiración de la Humanidad y derecho sagrado de los pueblos, como elemento esencial del derecho al desarrollo, de nuevo como objeto de la educación en la esfera de los derechos humanos, en fin, como razón de una nueva cultura sustitutiva de la cultura de la guerra y de la violencia dominantes.

A modo de síntesis histórica y teleológica el proyecto de la UNESCO afirma que "todo ser humano tiene un derecho a la paz que es inherente a su dignidad de persona humana". En su versión para la Consulta, Mayor Zaragoza ajusta que "el derecho de todo ser humano a la paz constituye el fundamento de la cultura de paz".

Nada distinto de tal afirmación, por considerársela obvia para toda conciencia civilizada, llama a prevención o suscita reservas en quienes fungimos como redactores del trascendental documento.

Por lo demás, la misma Declaración Universal de Derechos Humanos, adoptada en 1948 por la Asamblea General de las Naciones Unidas, ya prescribe en su artículo 28 que "toda persona tiene derecho a que se establezca un orden social e internacional en el que los derechos y libertades proclamados...se hagan plenamente efectivos". Y en el entendido universal, tal orden no es otro que el de la paz y la democracia, como expresión material de la primera.

De modo que, al término del milenio y con vistas a los desafíos del tercero de la era cristiana, proponerse renovar el derecho a la paz favoreciendo su reconocimiento y efectividad en beneficio de cada una y de todas las personas, promete *ab initio* ser una empresa auspiciosa. Así lo creemos, a pie juntillas.

La propuesta de Declaración desarrolla y compendia una idea de la paz muy cara a las generaciones que son testigos y dolientes del Holocausto y a quienes les siguen en lo inmediato, por no dudar, aquéllas y éstas, sobre la realidad del mal absoluto, que de tanto en tanto tiñe la memoria histórica con sangre y sacrificios de inocentes.

La Consulta de Paris, no obstante, concluye trágicamente, sin el consenso esperado. Deja un amargo sabor en los militantes de la paz. Durante dos jornadas y una madrugada agoniosa se le regatea a la paz su estatuto como derecho humano y su carácter como fundamento de la cultura de paz.

La mención del derecho humano a la paz, he de confesarlo, concita la airada reacción de una parte de los gobiernos de Europa occidental y los países nórdicos. Uno de ellos amenaza con retirarse del encuentro. Otro, cuyo delegado a la sazón trabaja antes en el proyecto de Declaración sobre los derechos humanos de la tercera generación, entre éstos el derecho a la paz, prefiere volver sobre sus pasos, sin inmutarse. Y Japón, víctima de la primera bomba atómica en el puerto de Hiroshima, se suma a quienes en minoría impiden la adopción de la Declaración de Oslo revisada.

El delegado nipón arguye, con frialdad y precisión cuasi digital, que la paz es un estadio. Una circuns-

tancia carente de significado normativo, en la que
cesa la violencia y nada más.

América Latina, Israel, los países árabes — con
excepción de Irán, que se pregunta si estamos o no
dispuestos a pagar el precio de la paz – sorprenden al
hacer causa común en defensa del proyecto de
Declaración. De conjunto a los africanos le reclaman
a los emisarios europeos la fragilidad utilitaria de sus
memorias y el despachar hacia el basurero de la
historia las enseñanzas de las dos grandes guerras
mundiales del siglo XX.

Francia, en lo particular, es interpelada por el
embajador de Benin. Bajo presión de las horas
gastadas en la controversia y en las que hace aguas la
Declaración Universal, el diplomático de marras pone
de lado su emblemática serenidad. Emocionado, le
recrimina al representante galo su traición a los
ideales de la Revolución Francesa y la preferencia de
su país por los mercaderes de la muerte.

Uno de los expertos europeos, en amable
confidencia a quien les habla, propone postergar el
debate *sine die* hasta tanto se resuelva la lucha contra
el terrorismo. *Si vis pacem para bellum* es el lema que
domina y apenas disimula el argumento a cuyo tenor
la UNESCO invade competencias del Consejo de
Seguridad de las Naciones Unidas o aquel otro,
bizantino, que discierne entre las normas de la
moralidad y las normas jurídicas.

Sobre las cenizas de la Consulta de París, antes de concluir el año, la Asamblea General de la OEA intenta salvar la responsabilidad histórica de sus Estados al respecto. Declara en Caracas "el derecho a la paz como inalienable e inherente a la dignidad de la persona humana". Pero tal desafío, a la vuelta de la esquina, termina como acto de moribundos y es muestra de que la historia llega a su fin.

Venezuela, promotora de la "Reafirmación de Caracas", luego no acepta reconocer a la paz como derecho humano, en 1999. Nuestro constituyente, impregnado del espíritu revolucionario e hijo de su hora atrabiliaria, arguye tener a mano el texto más avanzado del mundo para la protección de los derechos humanos. Pero se da por satisfecho con la simple promesa de construir — sobre la destrucción del pasado — una sociedad justa, amante de la paz. En suma, sin decirlo, reduce la paz a mera aspiración y convalida lo que juzga de necesario: hacer la guerra antes de volver a conquistar la paz.

Los Estados miembros de la comunidad internacional, de modo igual y en sede de la UNESCO le niegan a la paz su condición de derecho humano, y luego, en la Asamblea de la ONU del mismo año 1999, adoptan el Programa sobre una Cultura de Paz; suerte de aspiración no vinculante, destinada a promover actividades que afirmen a la misma paz como "un conjunto de valores, actitudes, tradiciones, comportamientos y estilos de vida basados", entre otros propósitos, en el respeto a la vida y a todos los derechos humanos y libertades fundamentales, el fin de la violencia y la práctica de la no violencia mediante el diálogo y la cooperación. Palabras, y más palabras.

¿Qué decir de todo esto y su ominosa enseñanza?

¿Acaso es llegada otra etapa que reclama de la violencia como partera de la historia, medio para su profilaxis junto al encumbramiento de otros Mesías de circunstancia, con vistas a un tiempo mejor? ¿Cómo explicar la fría beligerancia en un mundo que dice ser y en verdad es capaz de saciar las emergencias de los excluidos y de transitar, como nunca, hacia la reivindicación de la soberanía de la razón y de la inteligencia? ¿O es que en efecto cambia la historia y en verdad varían sus categorías, desafían el entendímiento de los pacíficos, engañan a los artesanos de la guerra y trastornan el lenguaje a un punto tal que, en lo inmediato, no nos entendemos los unos a los otros?

Dibujemos, en primer término y con trazos gruesos, la realidad que nos acompaña, que es propia y ajena, para luego intuir, si cabe, la que nos espera y es obra de nuestras acciones u omisiones.

No hay duda en cuanto a que los miedos otra vez se instalan, aquí y más allá de nosotros. No son la obra de un colectivo paranoico y semejan, sí, a los temores iguales que sufre el mundo medieval, como puente entre la antigüedad y lo moderno. Son miedos ciertos.

Tienen su fundamento en una realidad disuelta que avanza y que mal comprendemos a cabalidad. De allí los riesgos y también los desafíos ingentes para la fragua de la paz.

Ha lugar – hoy es constatable — un armamentismo espiritual en los liderazgos gubernamentales de la hora, más ganados para el tráfico de las ilusiones y la división de las voluntades. Ellos ocupan el orden republicano y la organicidad de los poderes, personalizándolos. Ponen de lado los equilibrios de potencia que alrededor de los Estados fija la Paz de Westfalia desde 1.648 y, además, despachan al baúl de la historia las premisas doctrinales que nos dejan las revoluciones francesa y americana y explican, aquélla y éstas, la misma existencia de los Estados como expresiones interculturales, espaciales y unitarias, garantes de la paz por medio de la política.

Como efecto o consecuencia, legiones de seres humanos, desnudos de ciudadanía, dada la devaluación de las instituciones públicas y de las mismas organizaciones internacionales que nos lega la Segunda Gran Guerra, hoy transformadas en oficinas notariales para el registro de los conflictos, se disocian y dividen a la manera de cofrades. Se agrupan en aldeas culturales o patrias pequeñas signadas por la introspección, por los egoísmos, o la sola relación entre semejantes.

En esta suerte de retículas, negadas a la vida de la poli y al reconocimiento de los otros, el común busca resguardo para el ahogo de sus carencias o el alivio de la soledad. El fenómeno se aprecia extendido en América Latina y muestra, cabe subrayarlo, el quiebre de las ataduras que nos dan portada y aldabones a los que asirnos como sociedades modernas, dentro del Estado, unas veces bajo tutela de los cuarteles y otras bajo cuidado de los partidos, hasta las riberas del siglo XX. Así ocurre en Venezuela.

En fin, ceden 40.000 años de una historia en la que rige, unas veces, la explotación del hombre por el hombre a propósito de la materia y de su acumulación, y otras, la explotación del hombre por el colectivo con vistas a la misma materia y su redistribución autoritaria por el Estado. Pero esa dialéctica milenaria, que reditúa ideologías — liberales, capitalistas, socialistas, o marxistas — y asimismo formas de concebir el mando, sea para el sostenimiento de la convivencia doméstica o la internacional, pierde ahora su sustento.

Lo inédito, pues, se expresa en la explotación del tiempo por el hombre y con miras al mismo tiempo; ese que, en lo inmediato, en la transición, procura en los más el autismo, los suma a la cultura del vértigo, los lanza sobre las autopistas de la información y en no pocos casos los hace testigos inútiles y logofóbicos del acontecer humano.

No por azar, en espera de las cosas nuevas – *rerum novarum* – las viejas se trucan y predican, a manera de ejemplo, el Socialismo del Siglo XXI.

Vivimos, pues, en el mundo de lo relativo, de lo descartable, que en apariencia obvia la esencia de lo humano y fluye con pasmosa rapidez, incapaz de sostener la armonía social y política tal y como la hemos conocido: hija del diálogo directo unas veces y, otras, cabe admitirlo, producto de los armisticios.

La hora, en suma, es otra y de momento es anomia pura. En el pórtico del siglo XXI surge otra historia, pendiente de hacerse y de escribirse.

Eso no lo perciben, en su exacta dimensión, los autores de la Consulta de París, pues sólo intentamos recoger los activos del siglo XX. Un siglo que en el que se avanza hacia el afianzamiento de la paz por medio del Derecho y hace posible que creencias y civilizaciones opuestas se avengan alrededor de la idea de la dignidad humana como fuente y principio superior del orden mundial y del orden interno de los Estados.

Pero un siglo que llega a término mostrándose incapaz de alcanzar la paz en el Medio Oriente, y que nos deja como herencia póstuma varios tribunales penales internacionales para el castigo de crímenes de lesa humanidad que no alcanza a inhibir el recuerdo del Holocausto.

Tanto es así que, en las primeras horas del milenio naciente, los odios reprimidos se descargan sin piedad sobre las Torres de Nueva York y se deslocalizan. Esos paradigmas de la paz asegurada que son los Estados se revelan incapaces de contener a dichos odios. Antes bien, los mismos Estados son presa igual de los fanáticos arcaicos, quienes los ocupan y desde ellos ofrendan sus cantos a Marte. ¡Patria, socialismo, o muerte!, es el grito que se escucha en nuestras proximidades y que tiene una trágica concreción en lo local. Durante la última década, 1999/2009, en el altar de la discordia fratricida vierten su sangre, víctimas de homicidio, 116.406 venezolanos.

Pero, si todo esto es constable en la coyuntura, queda incompleto el dibujo de nuestra realidad transicional si no da cuenta de otra realidad que sorprende y conmueve. Las generaciones del porvenir, que apenas balbucean, prometen ser peregrinos de la esperanza. Ven más allá de la niebla y con presciencia asumen las tendencias descritas sin ánimo fatal. Las valoran como una oportunidad y no albergan miedos.

Permítaseme decir, por ende, que Thomas Hobbes, incluso convencido sobre "la condición del hombre" como "una condición de guerra de todos contra todos", admite que la razón sugiere desde el alba de la civilización normas para la paz y el acuerdo entre los hombres. Es un precepto o regla general de la razón — sostiene el padre del Leviatán — que "cada hombre debe esforzarse por la paz".

En fin, sobre las agonías varias y recurrentes de la historia de las culturas y de los dioses, levantada sobre el yunque de la guerra y en las que el mal se siembra de tanto en tanto con voluntad de dominio y para asfixiar a la esperanza, nuestra esencia racional y el empeño por la supervivencia terminan imponiéndose. De otro modo no hay historia que contar.

II

Sobre el cuadro de nuestra realidad próxima, veamos la experiencia y tomemos las enseñanzas.

La paz nunca ha estado ausente como idea y fuerza motriz de la vida humana. No se trata, pues, de una aspiración en falso.

Desde la antigüedad estamos marcados a hierro y fuego por una visión épica de la Historia. No podemos negarlo. La guerra no es, como lo indican los principios esbozados por el fraile dominico Francisco de Vitoria, "... la última *ratio* de la política". Es probable que la guerra sea, como lo observa Alejandro Valencia, investigador colombiano premiado por el Comité Internacional de la Cruz Roja, "la primera y con seguridad...la última actividad social". Pero si esta prédica tiene su espacio, negarnos al desarme de la historia conlleva negarnos a nosotros mismos y a la condición esencial y perfectible del género humano.

Por la paz y su conquista luchan a su modo los vecinos del Tíber, hacedores de la *Pax Romanae*. Los

actores del mundo medieval auspician la doctrina de
la Guerra Justa y la *Pax Ecclesiae*. Y en la modernidad, llegan los teóricos de la *Paz Perpetua* — como
el Abad de Saint Pierre y Emmanuel Kant, entre
otros — y se hacen espacio los artesanos de la *Paz de
los Equilibrios*, vigente hasta 1945.

En el ámbito de la filosofía se trabaja y especula
con denodada entrega, desde los albores del
pensamiento, alrededor de esa relación mudable e
insatisfactoria <<conciencia-mundo>>. Es objeto de
análisis por el pesimismo metafísico, el dualismo
teológico de Zaratustra o el filosófico de Platón, y
también por el llamado optimismo bíblico. Todas a
una de tales corrientes, que alimentan la acción
política y nutren o a veces enervan la acción por la
paz como derecho del hombre y desiderátum de su
existencia, se preocupan por descubrir, sin resolverlo
en razón de la misma naturaleza humana, el enigma
de la recíproca dependencia que anuda el alma a la
materia, la animalidad con la racionalidad,
determinando las actitudes del hombre, varón y mujer,
ante la vida.

En búsqueda del balance, durante los siglos XVI y
XVII tiene lugar un interesante movimiento
antropocéntrico y racionalista que va más allá de las
prédicas de los teólogos de Salamanca. Reivindica al
individuo como poseedor de derechos inalienables
"anteriores a toda sociedad", que se resumen, en tanto
que derechos básicos, en "la vida, la libertad y la
propiedad". La evolución de la Escuela Clásica del

Derecho Natural alcanza así al siglo XVIII, cuando Kant formula su señalada tesis sobre la *Paz Perpetua*, que predica "considerar a hombres y Estado, en sus relaciones externas, como ciudadanos de un Estado universal de la Humanidad (*ius cosmopoliticum*)". El Estado es expresión de la experiencia humana y no cosa extraña, artificial, a la manera del Leviatán.

Ha lugar, seguidamente y dentro de esta rápida lectura que nos brinda la historia, la emergencia factual y el fortalecimiento del Estado-Nación y de su soberanía, en otras palabras sobreviene la forja de la *raison d'Etat* y, con la Revolución de 1789, la noción de ciudadanía junto a su incidencia en la exaltación del fervor patriótico, que en alguna medida debilitan la autoridad del credo natural producto de la razón y de la relación dominante y subyacente entre el hombre (individuo y persona) y la Humanidad.

El Siglo de las Luces predica como idea central el Humanismo racionalista, pero acepta, a su vez, que "la guerra es inherente al ser humano". De allí la necesidad que se les plantea a sus representantes de estudiar sus causas y proponer, según lo dicho, fórmulas orgánicas e impersonales que la limiten por su inconveniencia.

En este período se condena a la guerra por ser "moralmente injustificable, estratégicamente incierta y económicamente ruinosa". También se promueve la responsabilidad individual de los monarcas y jefes de Estado por las guerras de su autoría, y se discute sobre las opciones para la mencionada *Paz Perpetua* europea y universal, fundada, bien sobre el restablecimiento de los equilibrios en el decir de Vatell, bien sobre la organización de un pacto o alianza federal a cuya cabeza opere un tribunal internacional o una <<dieta de Estados>>, disponiéndose de un ejército común y de una presidencia electiva o rotativa.

En extracto, los pensadores de las Luces consideran que la razón humana conduce por necesidad o por utilitarismo a estas fórmulas de organización externa predispuestas para la eliminación de la guerra; mas no dejan de reconocer que entre las causas de esta media una perversa combinación entre la debilidad psicológica del hombre y la idea germinal, geográfica y patrimonialista del Estado. Es quizás ésta la perspectiva intelectual que aún nos domina.

De modo que, con vistas a nuestra actual circunstancia, sin desconocer las condiciones o estructuras que unas veces propician y otras son utilitariamente explotadas por la violencia — la pobreza, la exclusión social, cultural. afectiva, y hasta el destino religioso manifiesto muy en boga — lo constatable es la ausencia – así nos lo revela la Consulta de París — de un nuevo criterio intercultural – si acaso cabe — renovado y realizable políticamente acerca de la paz. Esa es, por ende, la tarea pendiente de realizar, de la que no podemos enajenarnos.

Jacques Maritain, al narrar sobre su participación como coredactor de la Declaración Universal de

Derechos Humanos de 1948, recuerda que sus pares, occidentales y orientales, americanos y soviéticos, logran avenirse sobre los derechos a reconocer con una condición: ¡que nadie les pregunte cómo y porqué! Media, por fuerza de la realidad, una razón humana práctica.

Algunos reclaman, en este orden y a propósito de la paz como aspiración e hija de la perfectibilidad humana, no confundir la perspectiva cultural de Oriente como mística pura ni a la Occidental como materialistas a rajatablas. *Ex oriente lux, ex occidente lex*. Cabe subrayar, sin embargo, que para la primera lo esencial es la armonía interior, la adecuación del hombre al *dharma*, del que hablan los hindúes. Y para quienes somos herederos de la segunda la paz aún se "concibe más proyectada hacia el exterior, hacia la simple ausencia de guerra", lograda por mediación de las formas de organización social y política.

Para la Doctrina social de la Iglesia Católica, los planos culturales e históricos descritos no se excluyen. Antes bien, expresan dimensiones de una misma y única realidad que converge en el Ser. René Coste, exponente de este pensamiento se apoya en "la célebre definición agustiniana: *Pax omnium rerum, tranquillitas ordinis*: La paz universal es la tranquilidad del orden", para señalar que "dos elementos rigen, pues, la vida social: la convivencia en el orden, la convivencia en la tranquilidad". Pero "el verdadero orden en las relaciones interhumanas no es un arreglo artificial impuesto por jefes a un rebaño de esclavos: sólo sería su caricatura. Es la expresión armoniosa de las relaciones interpersonales que se establecen entre personas y entre comunidades que se respetan en el marco de la comunidad mundial... [A su vez] la tranquilidad (o la calma) es... distinta del estancamiento perezoso o del inmovilismo social...".

El sentido común, suprema guía de lo humano, nos dice, a fin de cuentas, que cualquier fórmula — técnica, orgánica o funcional, según la perspectiva de Occidente — para la conquista y consolidación de la paz, nada vale sin el acuerdo y el desarme de los espíritus: sólo posible cuando unos y otros nos disponemos al diálogo fecundo, obra del respeto y la tolerancia mutuas.

De allí lo preciso de añadir que los principios fundamentales sobre los que se sustenta la idea de la paz luego de la Segunda Guerra Mundial, a saber, la dignidad humana, la primacía del Bien Común, y la perfectibilidad de la sociedad, mal pueden ser postergados, así lo creo, sobre la crisis de cambio histórica que nos tiene por actores y espectadores. Todos a uno de tales principios responden a las leyes universales de la decencia humana, esas mismas que contiene el Decálogo y permiten moldear nuestras primeras experiencias como civilización.

Distinto es advertir que las ideas o principios mencionados encuentran su concreción contemporánea, lo he dicho, en la idea de la democracia que fragua operativamente dentro del Estado, y que al ceder éste en sus categorías institucionales, aquélla y sus estándares reclaman ser revisadas con vistas a la recreación de la paz y su garantía contemporánea.

El desarme de la historia ha de comenzar, por consiguiente y en esta hora, por el entorno y su conocimiento adecuado, seguir con animación de la conciencia del hacer renovado en la gente, y disponerla a la tarea de inventar y de errar *ex novo*. No podemos vaciar el vino nuevo en odres viejos. No es posible explicar lo nuevo con viejas categorías, sin mengua de preservar los principios raizales a la condición humana, esa que nos muestra como seres unos, irrepetibles como experiencias únicas, pero carentes, necesitados de realizarnos en la otredad.

Las nuevas cosas, dentro de un mundo como el de ahora, dominado por la información instantánea global y sus recursos, cada vez más sofisticados, hablan en lo inmediato y a manera de ejemplo, sobre la necesidad de sortear un primer escollo, sin el cual los otros, que siempre son muchos en el camino hacia la paz, carecen de eficacia. Me refiero a la corrupción del lenguaje social y político, necesitado como nunca antes de especificidad y de fuerza movilizadora en un mundo más ganado para lo virtual y cuya vertebración se alcanza a través de la opinión pública.

Lo cierto es que somos presas de una Torre de Babel. Sobreponemos y confundimos nociones y realidades, barajamos símbolos y las palabras del pasado las juntamos con las actuales, siendo que el objeto de actualidad es distinto del pasado. Ello frena el diálogo, nubla las convicciones, y promueve la manipulación que tanto interesa y a la que tanto apelan los armadores de la violencia.

Los pacíficos son acusados de guerreristas. Los divisores de la concordia reciben los laureles de la paz. Los demócratas de impostura se hacen del poder a manos de la violencia o usan de las formas democráticas y del argumento de la paz para vaciarlas de contenido, pero reivindican se les trate como pacíficos y como demócratas. Y a los demócratas, amigos de alcanzar la paz por el Derecho, se les presenta como enemigos de la libertad. Los ejemplos huelgan y los tenemos a la vista.

La empresa de la paz, por lo visto, es más exigente que nunca. Es llegada la hora de hacer buena la propuesta de San Agustín a Darío, en el año 600 de nuestra Era: "Acabar con la guerra por la palabra y no con los hombres por el hierro, y obtener la paz por la paz y no por la guerra".

III

Estimadas amigas, estimados amigos:

Un conjunto de académicos, expertos internacionales y militantes por los derechos humanos, bajo los auspicios de la Asociación Española para el Derecho Internacional de los Derechos Humanos, que preside Carlos Villán Durán, desde el 1° de diciembre de 2005 se dan a la tarea de renovar, partiendo desde España, la tesis de la paz como derecho humano. Luego de reunirse en Gernika, de seguidas, el 30 de noviembre de 2006, adoptan, como obra de la sociedad civil, la Declaración de Luarca sobre el Derecho Humano a la Paz.

Su valor, que es palabra hecha testimonio, reside en defender un criterio no carente de fundamento y que mejor comprende a las realidades que ahora nos acompañan. Sostienen que la paz se construye en las sociedades y no por los gobiernos. Acusan, al efecto, la falta de voluntad política constante en la Consulta de la UNESCO de 1998 y en la mediación de lo que llaman un "error de técnica legislativa". Los delegados a la Consulta Internacional, como lo afirman, o bien son los mismos embajadores acreditados ante la UNESCO, o enviados de los gobiernos sin experiencia en el tema de los derechos humanos, y extraños, por lo mismo, a la obra codificadora de Oslo.

En su arquitectura, la Declaración de Luarca abre caminos y sugiere tareas por realizar. La declaración expresa, como lo hacen constar sus redactores, "el sentir genuino de la sociedad civil española, [de] sus anhelos y aspiraciones a la hora de establecer las bases de una nueva sociedad inspirada en el valor universal de la paz. Es, en fin, una invitación abierta al resto de las sociedades del mundo.

Una primera idea que destacan es la estrecha relación entre la paz política, como ausencia de beligerancia, y la paz social, como producto de la acción de los Estados para prevenir y erradicar, a través de métodos de pacificación legítima, las causas de la violencia: la inseguridad personal y jurídica, la desigualdad, los desequilibrios e injusticias sociales. Reivindican, al efecto, el criterio de la seguridad humana, en otras palabras, el derecho a la vida entendido como derecho humano a una vida digna.

La paz es presentada como un "derecho síntesis" sin que pierda — según los redactores de la Declaración — su entidad como derecho y su carácter intergeneracional. Una vez como concretan y definen el derecho humano a la paz por medio de las obligaciones y derechos que concita, remiten, para explicarla en su núcleo pétreo, a los distintos derechos humanos — agregando otros inéditos — que se recogen en los pactos y convenciones internacionales vigentes. Pero a la vez, definen como sujetos activos y pasivos del derecho a la paz, no solo a los sujetos tradicionales que signan el Derecho internacional y los derechos internos durante el siglo XX concluido, sino a los nuevos sujetos de la realidad global y anómica dominante. Las personas, los grupos y los pueblos son los titulares del derecho a la paz, y están obligados a procurarla y asegurarlo los Estados, las organizaciones internacionales, la sociedad civil, los mismos pueblos, las mujeres, los hombres, las empresas, otros actores sociales, y la misma comunidad internacional en su conjunto.

En este orden, cabe destacar por lo controversial, a propósito de las categorías constitucionales internas e internacional distintas y pendientes de ser construidas para la cabal comprensión del siglo en ciernes, la inclusión que se hace en la Declaración de Luarca, como expresión del derecho humano a la paz, de los derechos singulares a "la desobediencia", a la objeción de conciencia", "a la resistencia", "a la libertad de pensamiento", "al desarme", y "a emigrar".

En cuanto a la desobediencia, la objeción de conciencia y la resistencia, contemplados como derechos en los artículos 5 y 6, cabe observar que todas a una postulan un denominador común: el derecho y la obligación de desconocer y de no acatar al Derecho fundado en la voluntad soberana del Estado o de los Estados cuando auspicia atentados contra la paz, fomenta el armamentismo, o realiza violaciones graves y masivas de derechos humanos.

La histórica libertad de pensamiento y expresión, señalada en el artículo 9, eje de las revoluciones francesa y americana del siglo XVIII y de la gaditana de comienzos del siglo XIX, en el tránsito corriente hacia otras realidades deja de ser como antes la vigilia del poder del Estado. Muda, a través de la opinión pública global, en la gran articuladora de nuestra contemporaneidad. De allí que sea la libertad que mayores controversias y cuestionamientos suscita, en cuando a su uso, por los actores gubernamentales y políticos de actualidad, quienes la aprecian como el recurso de poder emergente y más apetecible.

A propósito del desarme como derecho y como expresión del derecho humano a la paz, citado en el artículo 11, no cabe duda en cuanto a la validez de sus premisas intelectuales. Los ejércitos son el origen y la causa de las guerras y en ellos reside la dinámica armamentista que procura las nuevas guerras. Todo ello, de conjunto, reaviva la discusión acerca de las Fuerzas Armadas convencionales y su razón de existir en mundo hipotético de Estados devaluados y de dominio por la inteligencia artificial y las redes telemáticas globales.

Finalmente, en cuanto al derecho a emigrar, planteado en el artículo 8 de la Declaración de Luarca, su lectura y consideración no dejan de ser provocadoras. Tal derecho es fuente de los mayores conflictos en curso, pues somete a prueba y desnuda la factibilidad de los discursos solemnes acerca de la integración, tanto como es el puente que opone y separa a las sociedades políticas estancas de los últimos XX siglos. Si toda persona tiene derecho humano a la libertad de movimientos y de estable-cimiento pacífico, ¿cabe medir dicho derecho a la luz de la soberanía o de la seguridad del Estado, o acaso deben anteponerse las necesidades de la persona?

Se trata, pues, de un asunto abierto y de construcción cotidiana, como lo es la paz, necesidad y por lo mismo, derecho humano inalienable.

IV

Permítaseme concluir con una breve reflexión acerca de un aspecto central que trazo al principio y no se le plantea, extrañamente, a la Consulta de París ni a la Declaración de Luarca. Del mismo me ocupo a profundidad en un ensayo, en curso de edición, sobre *La democracia del siglo XXI y el final de los Estados*

Si la paz, entendida como tranquilidad en el orden, fruto del diálogo y derecho a los derechos humanos, sólo se realiza, según lo dicta la experiencia, en democracia ¿no es también llegada la hora de repensar a la misma democracia, si aspiramos a la paz como derecho?

El planteamiento es pertinente.

La democracia, antes que estado del espíritu, en Occidente se la entiende como forma de gobierno, que cuaja dentro del Estado Nacional hoy declinante. El avance en el debate, que opone la legitimidad democrática de origen o democracia formal a la legitimidad de su desempeño o democracia de fines, no basta para resolver los graves interrogantes que ella suscita. No por azar, Alain Touraine, explicando cuanto ocurre y nos ocurre y arriesga nuestras tranquilidades en el orden, habla una crisis de la democracia dentro de la misma democracia, para señalar que la democracia es en la actualidad su peor enemiga.

No olvidemos que más allá de la acusada declinación del Estado soberano y geográficamente limitado — "demasiado grande para las cosas pequeñas y demasiado pequeño para las cosas grandes" como lo explica el filósofo florentino Luigi Ferrajoli — ha lugar a la emergencia de "procesos de desagregación animados por instancias de autonomía política y fundados en reivindicaciones localistas y comunitarias, nacionalistas, étnicas o religiosas entendidas como factores de identidad cultural". Ocurre una suerte de "libanización" global — lo expresa así Jean-Marie Guéhenno — puesto que las comunidades, cada vez más, se convierten en fortalezas y prisiones. Los puntos y líneas que separan a los Estados surgen ahora dentro del propio Estado. Y en el ángulo opuesto, al caer el velo protector de la vieja polis o ciudad que nos acoge e identifica en la ciudadanía, a los viejos ciudadanos se nos diluye en la muchedumbre.

Por lo mismo, "en una situación de anulación de fronteras, de tanta desaparición de límites, y en la que la vida fluye por todas partes sin orden aparente, ya no digamos concierto, el individuo de la democracia actual se encuentra que ha ido demasiado lejos. Azuzado por el miedo a la tiranía; asustado por el abuso físico del hambre, la carencia afectiva o la humillación pública; y melancólico siempre por la decadencia de su cuerpo, las enfermedades, las agresiones a su salud y la vejez; se ha sumado a la carrera despavorida que sólo tiene una meta, dejar las pesadillas y los miedos bien atrás y guardados bajo llave. Encerrarlos en el pasado de una historia-tren con furgones estancos, en donde estos fantasmas se mantengan bajo control y con sus ataques desactivados". Así lo observa Javier Rois, autor de *El gen democrático*.

Otros aprecian, antes bien, que al margen de las concepciones de la política y del Derecho anejas a esa democracia que decanta dentro del Estado moderno y parece llegar a su término, lo innegable es que media una suerte de radicalización intensiva y extensiva del principio de la misma democracia; si nos atenemos, que no basta, a su alcance etimológico: el "poder del pueblo". Hay, como lo indica la doctrina alemana más reciente, un desangramiento popular de "reivindicaciones normativas y materiales". Crece la participación de la gente a un punto tal que supera los ámbitos que le son reconocidos a la ciudadanía en el modelo de representatividad democrática y segmentación del poder conocidos.

El caso es que hoy — como lo señala el autor de *La muerte de la ciencia política*, César Cancino — la persistencia de la democracia se juega en el espacio de lo público-político, como la calle, la plaza, la escuela, la fábrica, la ONG, el barrio, el chat, el blog, lugares donde los ciudadanos ratifican su voluntad de ser libres y donde producen contenidos simbólicos que ponen en vilo al poder constituido hecho república, dominado por sus órganos formales y por la misma institución de los partidos.

Ahora bien, si se trata de reconstruir a partir de la globalidad o mundialización dominante ello implica, como hipótesis, postergar la pluralidad o la diferenciación social que es sustantiva a la democracia y también el poder decisorio de los pueblos y comunidades que reivindican su antigua titularidad soberana o acaso intentan hacerse de una autonomía de la voluntad mejor adecuada a sus sobrevenidas condiciones de "pequeñas patrias" o "patrias de campanario".

En la otra banda, reconstruir a partir de la localidad o desde la multiculturalidad, sin que medie un hilo de Ariadna o hasta un mito movilizador común que ate los fragmentos que recogemos de la vieja sociedad, provoca el mismo efecto negador del pluralismo. El carácter excluyente y la ausencia de reconocimiento recíproco que hoy aparejan las localidades o los nichos culturales, étnicos, originarios, o ambientalistas, con sus visiones "caseras" del cosmos, también relativiza la noción democrática.

Admitidos, pues, los conceptos clave del presente: el hundimiento del comunismo, la globalización en sus múltiples ámbitos, la expansión del poder de la prensa sin rostro, el predominio de lo económico-financiero, los saltos cuánticos en la biotecnología, el choque de las culturas, el aumento de la criminalidad trasnacional y del terrorismo deslocalizado, en fin, la fractura del tejido social de las naciones no queda otra alternativa que construir y no solo reconstruir.

Al efecto, no cabe otra opción que apostar una y otra vez al hombre con sus falencias muchas, obligándolo a la profilaxis del cinismo y provocando en él su reencuentro con las leyes fundamentales de la decencia; leyes universales que se reducen a "tratar humanamente a todos los seres humanos", a ejercer la libertad reconociendo en los otros lo distinto y aceptando la igualdad en la dignidad; y a "no hacer a los otros lo que no quiere cada persona que se le haga a sí misma"; síntesis principista que no cesa con independencia de los moldes o formas institucionales cuya finitud nos deja viudos a los demócratas y cultores de la razón jurídica, tanto como la caída de la Cortina de Hierro hace viudos a los practicantes del socialismo real, luego de 1989.

En lo inmediato, dada la transición y su novedad sólo caben las preguntas. Son muchas y no tienen, por lo pronto, respuestas. Ellas se encuentran en el camino del hacer infatigable y pendiente, a cuyo efecto de nada sirven los viejos catecismos.

Sabemos, por ejemplo, que la democracia predica el carácter universal de los derechos humanos. ¿Cómo conciliar dicha universalidad con el relativismo que apuntala la idea contemporánea de la multiculturalidad?

La democracia es Estado de Derecho e igualdad de todos ante la ley general y abstracta, y también partidos políticos como integradores del interés común.

Empero ¿cómo se concilian tales premisas con las aldeas o nichos sociales en boga, que reclaman y hacen valer el derecho a ser diferentes y tratados como tales?

Si se trata de los comicios, la más antigua fuente legitimadora de la democracia, expresión de la soberanía de los más, ¿qué decir de su actual control y dominio por los menos, por las autocracias digitales administradoras del voto?

En fin, reparando en el principio clásico de la separación de los poderes, ¿cómo se aviene su realidad compleja con la simplicidad y rapidez de trámites que demandan los problemas en una sociedad como la naciente, ganada para el vértigo?

Las preguntas, pues, no cesan fácilmente. De hecho, alimentan nuestros miedos y son parte atemporal del drama humano.

¿En defecto del Estado — acaso cárcel de la ciudadanía — cuál es la alternativa que nos espera como garantía de la paz? ¿Ante la tiranía de la expansión "tecnotrónica" global o de la "dictadura gris", que no conoce de fronteras materiales ni humanas, acaso existen opciones?

¿Cuál es el punto medio o de balance que ha de fijarse para la renovación eficaz de la experiencia democrática y para la fragua de la poli del siglo XXI?

¿Qué imagen o forma — material o virtual — podemos hacernos de ella, como síntesis de la ciudadanía planetaria y cobijo, a la vez, del hombre de las cavernas?

Señor Rector de la Universidad Metropolitana,

Estimados miembros del Instituto Cultural Venezolano Israelí,

Al hombre contemporáneo lo inundan las preguntas. A la manera de los primeros filósofos pide y busca respuestas que le den razón de su agonía y su destino. La duda, al igual que en los primeros días de su existencia, le permite crecer, lo empuja al desarrollo pleno de su personalidad y al diario descubrimiento de sus derechos, para afirmarlos y defenderlos ante el atropello. Éste, como forma de dominio, pretende inmovilizarlo.

Si la paz en democracia se la entiende como necesaria para la convivencia y si al mismo hombre – varón y mujer – se le considera sujeto de un orden impuesto por la razón. inspirado en su naturaleza inmanente, la paz es, sin duda, un derecho humano.

Aun así, por reconocernos como especie desgraciada y a la par perfectible, hecha a imagen y semejanza del Creador, cabe tener muy presente la enseñanza de Don Egidio Montesinos, insigne educador tocuyano de comienzos del siglo XX, que alguna vez me narra el expresidente venezolano, Rafael Caldera.

Lacerado en su espíritu por las guerras revolucionarias de nuestro siglo XIX, Don Egidio les cuenta a sus alumnos acerca de una señora, vecina de Pozo Salado, con muchos defectos — tuerta, fea y coja — llamada Paz. Y al hilo de su explicación les dice: ¡Muchachos, no lo olviden, Paz aun cuando sea la de Pozo Salado!

Verba Volant, Scripta Manent